Ron Wiener

Soziodrama praktisch

Soziale Kompetenz szenisch vermitteln

Ron Wiener

Soziodrama praktisch

Soziale Kompetenz szenisch vermitteln

inScenario Verlag

München

ISBN 3-929296-12-8
© 2001 inScenario Verlag und Verlagsbuchhandlung, München
Alle Rechte der deutschen Übersetzung vorbehalten

From »Creative Training« by Ron Wiener
published by Jessica Kingsley Publishers, London in 1997
© Ron Wiener, 1997
Übersetzung aus dem englischen: Peter Ullmann, Nürnberg

Lektorat: Ulf Klein, München
Druck: Digital Druck GmbH, Frensdorf
Printed in Germany

Verlagsverzeichnis schickt gern:
inScenario Verlag, Sandstrasse 41 [Rgb], D-80335 München
www.inScenario.de

EINIGE ANMERKUNGEN DES ÜBERSETZERS

Bezüglich der Wahl des Geschlechtes habe ich mich an die – patriarchalische – Konvention gehalten, im Zweifelsfall das männliche Geschlecht zu wählen, und entschuldige mich dafür. Als Begründung kann ich nur die leichtere Lesbarkeit sowie Gewohnheit und Bequemlichkeit meinerseits ins Feld führen.

Ron Wieners Buch setzt hinsichtlich seiner Terminologie einige Kenntnis psychodramatischer Begriffe voraus. Im Interesse flüssiger Lesbarkeit habe ich auf Erklärungen oder ein Glossar verzichtet und diese Kenntnis bei Lesern und Leserinnen einfach vorausgesetzt.

In einigen Fällen war eine genaue Übersetzung nicht möglich, da es keine deutschen Äquivalente gibt. In diesen Fällen habe ich nach Parallelen im Deutschen gesucht und sinngemäß übersetzt.

Peter Ullmann, Nürnberg

INHALT

Anmerkungen des Übersetzers	1
Inhaltsverzeichnis	2
Vorwort	5
Einführung	**9**
Zielgruppe	9
Was ist Soziodrama?	10
Historisches	14
Anwendungsbereiche	14
Techniken	15
Rollen	16
Der Ablauf eines Soziodramas	**19**
Planung	19
Erwärmung	23
Die Erwärmung des Leiters	*23*
Die Erwärmung der Gruppe	*24*
Ein Gruppenthema herausarbeiten	29
Szenenaufbau	31
Den Handlungsablauf strukturieren	34
Aktionssphase	36
Die Rolle der Leitung	*36*
Das Energieniveau	*38*
»Schwierige« Rollen	*41*

Techniken	42
Die Arbeit mit Skulpturen	42
Doppeln	45
Stimmen	47
Rollentausch	48
Selbstgespräch	50
Abschluß	50

Soziodramen, die von »realen« Situationen ausgehen   54

Beispiele aus der Praxis   58

Kinderschutz	58
Altenarbeit	60
Mitarbeiter der Altenpflege	60
Eine Veranstaltung mit Betreuern ehrenamtlicher Helfer	61
Politische Bildung	63
Veränderungsmanagement	64
Biographiearbeit	65
Arbeit mit Teams	66
Zeitungsmeldungen	67
Gemeinwesenarbeit	68
Stadtteilarbeit	68
Aspekte von Geschlechtsrollen	70
Erforschung nationaler, kultureller und religiöser Unterschiede	70

Anhang   73

VORWORT

Vor kurzem hatte ich ein schönes Erlebnis. Ich ging zusammen mit meinem jüngsten Sohn in ein Kunsthandwerksgeschäft am Ort. Wir hatten viel Spaß dabei. Die Künstlerin, die gerade da war, gesellte sich zu uns und ließ uns spüren, wie sehr sie unsere gemeinsame Begeisterung und unsere Meinungsäußerungen genoß. Meistens würden sich die Besucher nur umschauen ohne irgendwas wirklich anzuschauen und wieder gehen, ohne einen Ton von sich gegeben zu haben.

Und genau darum geht es in diesem Buch: in Bewegung zu kommen, wirklich hinzuschauen und jede Menge von sich zu geben. Es geht darum, wie man mit anderen in Beziehung tritt, wie man sie einschätzt, und wie man dazu zurückfindet, spontan und kreativ zu sein – individuell und gemeinsam. Und natürlich geht es um Spaß und Begeisterung.

Das Soziodrama als Arbeitsform entsprang den Wirrnissen und Schrecken des Ersten Weltkrieges. Damals begründet von einem jungen Arzt namens Jacob Moreno wird es seither weltweit ständig weiterentwickelt. Moreno lebte in Wien und war im Kinderhospital eines Flüchtlingslagers tätig. Zeitweise unterstützte er die Prostituierten der Stadt, eine Art Selbsthilfeorganisation zur gegenseitigen Unterstützung und Schutz aufzubauen.

Wien muß damals ein überschäumender intellektueller Kessel gewesen sein, ein Prüfstand für seine Ideen und ein Nährboden seiner Träume. Er stand zwischen zwei Polen: einerseits die Kultur seiner jüdischen Herkunft, die ihm wie ein hermetisch abgeschlossenes System vorkam, eine Religion ohne Wissenschaft. Und andererseits der Marxismus, der überall heftig erörtert wurde und gerade vom Sieg der Oktoberrevolution in Rußland befeuert war. Aber auch wenn Moreno den ökonomischen Argumenten zustimmte, so empfand er den Marxismus doch als Wissenschaft ohne Religion. Das Leben hatte ihn aber gelehrt, daß es um beides ging. Damals galt noch die Idee, die Welt werde der Wissenschaft die Rettung zu verdanken haben. Der Krieg hatte aber schon gezeigt, daß eine Wissenschaft ohne Verantwortung zum Wegbereiter für den Weltuntergang werden könnte. Maschinen, von der Wissenschaft geschaffen, hatten Millionen von Menschen beherrscht und vernichtet. Und Millionen von Menschen hatten begonnen, sich wie Roboter zu benehmen – wie Maschinenmenschen. Kein Wunder, daß der Faschismus Europa so fest in den Griff bekam.

Moreno wollte eine Wissenschaft, die uns in unserem Menschsein fördert und bereichert, die als Werkzeug zur Heilung der Welt diene. Selbst in die «soziale Frage» verstrickt und mit ihr ringend, erkannte er mit einer für solch einen jungen Menschen ungewöhnlichen Klarheit den Wert einer Position »inmitten«. Aus all diesen Gedanken entwickelte er die Idee eines handlungsorientierten »dritten Weges«, mit dem Begriff »Psychodrama« als Markenzeichen – Sammelbegriff für seine Philosophie, seine Methodik und seine Vorgehensweisen. Dabei kam es ihm vor allem darauf an, seine Ideen mit Leben zu füllen. Die Kraftquelle all dieser Methoden sah er in der Fähigkeit eines jeden Menschen, spontan und kreativ zu sein.

Gegenwärtig, in der aktuellen historischen Periode mit ihrer Tendenz zu Spezialisierung und Kategorisierung, verwendet man den Begriff Psychodrama meist, um Morenos Gruppentherapie-Ansatz zu kennzeichnen. Dieser Ansatz nutzt die Möglichkeiten der szenisch-dramatischen Arbeitsweise, um Menschen zu helfen, persönliche Anliegen zu klären oder zu bewältigen. Im Endeffekt geht es dabei immer darum, Veränderung zu bewirken, sowohl im engen klinisch-psychotherapeutischen Sinn wie auch weiter gefaßt pädagogisch im umfassendsten Sinn.

Beim Soziodrama ist das anders. Hier steht die Gruppe selbst im Mittelpunkt, und es geht um Anliegen, auf die sich die Gruppe als gemeinsame geeinigt hat. Das Bestreben ist nicht nur ein pädagogisches; es geht immer auch darum, kreative Handlungsansätzen zur Veränderung der sozialen Welt außerhalb der Seminarraums zu entwickeln. Beide Methoden wollen Veränderung initiieren. Beim Psychodrama richtet sich der Blick eher auf die Wurzeln eines Problems, beim Soziodrama achtet man dagegen mehr auf den Nährboden, von dem unsere kollektiven Wurzeln ge- oder verformt werden. Ein soziodramatisches Vorgehen behandelt quasi »Erkrankungen in einer Gesellschaft«, die wiederum ihre einzelnen Mitglieder krank macht. Es gab wohl nie einen günstigeren Moment für diese Form der »Behandlung«.

Ron Wiener, der Autor dieses Buches, lehrt an der Universität von Leeds. Er ist ein großartiger Soziodramatiker, in seinen Seminaren mischen sich Menschen der unterschiedlichsten Kulturen, Hautfarben und Glaubensrichtungen. Fünfzig Jahre zurück wusste man kaum etwas voneinander, heute ist man aufeinander angewiesen, und Kooperation ist lebensnotwendig. Und im Dienste des Friedens und des menschlichen Fortschritts muß die Verbundenheit untereinander sowohl im praktischen wie im geistigen Sinne entwickelt werden.

Dieses Buch, sein Autor und die Soziodramen, die er leitet, stehen im Dienst des eigentlichen Zweckes, um den es bei jeder soziodramatischen Arbeit geht: der Veränderung zum positiven.

Ken Sprague
Holwell 1995
Internationales Zentrum für Psychodrama und Soziodrama

EINFÜHRUNG

Zielgruppe

Dieses Buch wendet sich an drei verschiedene Zielgruppen:
a) an Trainer, die Gruppen anbieten zu Themen wie

- Veränderung in Unternehmen (change management)
- Teamentwicklung
- Umgang mit Streß

b) an Leiter von Gruppen, die sich mit psychosozialen Fragen (wie etwa Ausländerfeindlichkeit, Umweltprobleme) beschäftigen. – Solche Gruppen mögen sich aus Sozialpädagogen in Jugendzentren, Mitarbeitern von Stadtteilzentren, Bewährungshelfern und anderen zusammensetzen.

c) an Menschen mit psychodramatischer Vorbildung, die ihre Kompetenzen in Richtung auf eine soziodramatische Praxis ergänzen wollen.

Dies Büchlein will eine Art Handbuch für Praktiker sein. Der Leser wird merken, daß es nur zu verstehen ist, wenn bereits gewisse Grundkenntnisse vorhanden sind. Für die, die sich eingehender mit der Materie befassen wollen, findet sich am Ende des Büchleins eine Literaturliste mit Hinweisen zum Weiterlesen.

Was ist Soziodrama?

Soziodrama ist eine Methode des sozialen Lernens in Gruppen. Die Teilnehmer explorieren »spielend« ein Thema, das die gemeinsamen Interessen der Gruppenmitglieder widerspiegelt. Thematisch kann es vom Selbstsicherheitstraining in Gruppen bis hin zum Bearbeiten ethnisch-kultureller Unterschiede in einer Gemeinde gehen. Moreno (1993: 89) meinte, Soziodramatiker seien konfrontiert mit

> »... der Aufgabe, präventive, didaktische und rekonstruierende Zusammenkünfte in der Gemeinde durchzuführen, in der sie leben und arbeiten; auf Aufforderung hin organisieren sie derartige Treffen in allen Problembereichen. Sie werden in Gemeinden tätig, die akutelle oder chronische soziale Anliegen zu bewältigen haben, sie mischen sich bei Massenbewegungen ein, bei Streiks, rassischen oder nationalistischen Unruhen, Demonstrationen von Parteien und so weiter, um die Situation in situ zu klären und handelnd zu verändern.«

Ähnlich spricht Kellermann (1996) von drei Anwendungsfeldern des Soziodramas: Einmal die Bewältigung traumatischer Ereignisse und sozialer Krisen, zum Beispiel durch das Aufdecken kritischer Ereignisse. Zum zweiten, in Zeiten politischer Veränderung und sozialer Desintegration, beispielsweise indem man in kommunalen Organisationen, die sich gegen erwünschte Veränderungen stellen, tätig wird. Und drittens bei sozialen Spannungen, beispielsweise bei rassistischen Ausschreitungen.

Der Schwerpunkt dieses Buches wird auf der Anwendung soziodramatischer Techniken in Kleingruppen liegen, auch wenn am Ende einige Beispiele aus anderen Bereichen aufgeführt werden.

Soziodramen haben drei wesentliche Ziele:

- soziale Szenarien besser zu verstehen,
- allen Beteiligten neue Erkenntnisse zu den Rollen zu verschaffen, die mit diesem Szenario verbunden sind – eigene wie fremde.
- den Teilnehmern die Möglichkeit zur emotionalen Öffnung oder gar zur Katharsis zu bieten, indem die Gefühle, die mit dem Szenario verbunden sind, ausgedrückt und erkundet werden.

Ein Beispiel sei genannt: Eine Gruppe von Trainern und Unternehmensberatern sah ihr gemeinsames Anliegen darin, sich näher mit Veränderungsprozessen in Organisationen zu beschäftigen. Im Laufe des Seminars konnten sie dann die verschiedenen Einflüsse zu erforschen, die Veränderungsprozesse begünstigen oder behindern, sie konnten unterschiedliche Interventionsstrategien ausprobieren und sie hatten Gelegenheit, die Gefühle zu äußern, die während ihrer eigenen Arbeit in Workshops zu diesem Thema erlebt hatten.

Zwischen der soziodramatischen und der psychodramatischen Arbeitsweise bestehen starke Überschneidungen, darauf wurde bereits im Vorwort hingewiesen. Es gibt aber auch wichtige Unterschiede. Beim psychodramatischen Spiel handelt es sich in der Regel um ein psychotherapeutisches Geschehen, und obwohl es im Rahmen einer Gruppe stattfindet, steht doch meist der Protagonist als Individuum mit einem therapeutischen Anliegen im Vordergrund[*].

Angenommen, das Thema »Einsamkeit« steht im Mittelpunkt. Bei einem psychodramatischen Vorgehen würde der Protagonist einer Gruppe dann erkunden, in welchen Situationen er sich einsam fühlt, wie diese Empfindung zustande kommt und welchen Einfluß Erfahrungen aus der Vergangenheit auf sein aktuelles Erleben haben. In einem Soziodrama würde die Gruppe dagegen gemeinsam ein fiktives Szenario entwerfen und erforschen, wie es kommt, daß Menschen sich einsam fühlen und wie sich damit umgehen läßt.

Ein anderer Unterschied ist der, daß die psychodramatische Arbeit meist an »realen« Ereignisse anknüpft, die einem Teilnehmer widerfahren sind, (wobei aber durchaus auch Imaginäres Teil der Inszenierung werden kann), während ein Soziodrama in der Regel von einem speziell konstruierten fiktiven Szenario ausgeht (Bei aller Fiktion beruht es letztlich aber natürlich genauso auf realen Erfahrungen der Teilnehmer).

Die soziodramatische Arbeitsweise überschneidet sich gleichfalls mit dem Rollenspiel. Der Hauptunterschied besteht darin, daß im Rollenspiel normalerweise kurze Szenen

---

[*] Im angloamerikanischen Sprachraum wird das Psychodrama meist (wie hier bei Ron Wiener) mit dem Protagonistenspiel im Dienste eines therapeutischen Anliegens identifiziert. Im deutschsprachigen Raum ist dagegen ein umfassenderes Verständnis verbreitet, bei dem sowohl Soziodrama wie Protagonistenspiel als Elemente eines psychodramatischen Ansatzes betrachtet werden. (Anm. d. Übersetzer)

Einführung

gespielt werden, hauptsächlich, um neue Verhaltensweisen zu trainieren, oder um unterschiedliche Rollen besser zu verstehen. Es gibt da sicher einige Gemeinsamkeiten mit den Zielen einer soziodramatischen Inszenierung. Letztere erstreckt sich aber doch meist über einen größeren Handlungsbogen mit mehreren Szenen, die Bandbreite der Techniken, die verwendet werden, ist größer, und es geht nicht nur um das Erlernen von Verhalten und Rollen, sondern auch darum, die historischen, ökonomischen und sozialen Aspekte des Themas, das erkundet wird, besser zu verstehen.

Zuweilen taucht auch das Argument auf, der gleiche Effekt könne durch einen Vortrag erreicht werden. Soziodramatiker sehen das anders, als Vertreter eines handlungsorientierten Ansatzes gehen sie davon aus, daß Menschen am besten lernen, wenn sie sich selbst aktiv an der Auseinandersetzung mit einem Thema beteiligen können: unter Nutzung unterschiedlichster Perspektiven und indem sowohl das Denken wie auch die Empfindungen mit einbezogen werden.

Verwandtschaft besteht auch zu Augusto Boal's Forum-Theater (Boal 1992), einer weiteren Methode, die vor allem dazu genutzt wird, sich mit dem Thema einer Unterdrückung auseinanderzusetzen. Hierbei kommen Zuschauer aus der Gruppe oder aus dem Publikum auf die Bühne und arbeiten an Szenarien, in denen es um Menschen geht, die sich ohnmächtig fühlen. Ziel dieser Arbeitsform ist, Möglichkeiten zu finden, sich aktiv mit der Situation auseinanderzusetzen.

Historisches

Die Idee, Menschen durch theatrale Mittel auf kreative Weise Informationen zukommen zu lassen, sie einzubeziehen und zu bilden, ist so alt wie das Theater selbst. Die speziellen Techniken, die im Soziodrama zur Anwendung kommen, wurden von J.L. Moreno entwickelt, der aber als Begründer des Psychodramas weitaus mehr bekannt geworden ist.

Moreno ging es stets um beides, um die Gesundung des einzelnen Individuums wie des gesamten Kosmos. Dennoch ist das psychodramatische Vorgehen weit bekannter geworden als das soziodramatische. Das mag damit zusammenhängen, daß die Veränderung Einzelner immer – im Hinblick auf die Beharrungskräfte der Gesellschaft – ein weit gefahrloseres und geachteteres Anliegen war, das die bestehenden Kräfteverhältnisse auch weniger in Frage stellt, als ein Ansatz, der ganze Gruppierungen von Menschen dazu bringen will, sich ihren Anliegen gemeinsam zu stellen und sie zu untersuchen.

Anwendungsbereiche

Die wichtigsten Anwendungsfelder für Soziodramen sind:

1) als Trainingsmethode, zum Beispiel bei der Arbeit mit dem Personal von Alteneinrichtungen;

2) als Methode des Rollenlernens, um z.B. künftigen Reiseleitern während der Ausbildung nahezubringen, wie sich bei Pauschalreisen die typischen »Katastrophen-Szenarios« entwickeln und wie man sie entschärfen kann;

3) im Rahmen von Teamentwicklungsprozessen;

4) in der Auseinandersetzung mit »heißen« sozialen Eisen, wie etwa HIV/ Aids.

5) um Gruppen auf ihre internen Rollenkonstellationen und Themen hin zu erkunden.

In den folgenden Kapiteln wird auf all diese Anwendungsmöglichkeiten näher eingegangen werden.

Techniken

Im Kern besteht die soziodramatische Arbeitsweise aus einige Basistechniken:

1) Doppeln, wobei sowohl einzelne Personen als auch die Gruppe als Ganzes gedoppelt werden.

2) Arbeit mit Skulpturen

3) Rollentausch und Rollenwechsel

4) Selbstgespräche

5) szenische Aktion

Alle diese Techniken werden im weiteren Verlauf des Buches noch ausfürlich dargestellt (s.S. 40ff).

Rollen

Die Arbeit mit Rollen ist ein Herzstück der soziodramatischen Praxis. Dabei werden mit der Definition einer Rolle immer spezifische Funktionen im menschlichen Zusammenspiel gekennzeichnet. Es kann sich dabei handeln um:

- soziale Rollen: z.B. der »Lehrer«
- individuelle Rollen: z.B. der »Selbstzweifler« oder ein »Psychosomatiker«

Die psychodramatische Arbeitsweise nutzt die Rollentheorie, um Menschen behilflich zu sein, ihr »interpersonelles Funktionieren« weiterzuentwickeln (Clayton 1993). Auf der Basis dieses Gedankens ist es dann möglich, Rollen danach zu beurteilen, ob sie förderlich, dysfunktional oder problembewältigend ausgestaltet werden, und Psychodramatikern kommt die Aufgabe zu, den Menschen zu helfen, ihre zwischenmenschlichen Beziehungen effektiver zu gestalten.

Dagegen geht es im Soziodrama in erster Linie um soziale Rollen. Das kann heißen, den Teilnehmern zu helfen, Rollen besser zu verstehen: aus welchen Komponenten sie sich zusammensetzen – Handeln, Empfinden und Werten – und wie Konflikten entstehen können. Im ärztlichen Bereich kann sich z.B. ein innerer Rollen-Konflikt zwischen dem »sachlichen Wissenschaftler« und dem einfühlsamen »Überbringer schlechter Nachrichten« auftun, oder ein äußerer Konflikt zwischen den Rollen des »sorgfältigen Fachmanns« und dem »beinharten Budget-Manager«.

Wenn es um Konfliktsituationen geht, werden Soziodramatiker sich in der Regel darum bemühen, die Beteiligten die Welt aus der Sicht der Rollen anderer Menschen betrachten und verstehen zu lassen – der Rollentausch zwischen Männern und Frauen wäre ein Beispiel dafür. Im Rahmen der Auseinandersetzungen um den Haushalt einer Gemeinde könnte es möglicherweise nützlich sein, wenn die »progressiven Aktivisten« sich mit den Einschränkungen befassen, unter denen der »Finanzkämmerer« steht. Andererseits könnte sich solch eine Einsicht natürlich auch hemmend auswirken und die Aktivistengruppe in ihren Aktionen zaudern lassen – politisch gesehen ist es nicht immer nützlich, beide Seiten einer Medaille sehen zu können. Soziodramatiker, die in politisch relevanten Bereichen tätig werden, müssen sich daher über die politische Dimension ihres Tuns im Klaren sein und auch darüber, wie sie das mit ihrem eigenen Wertesystem in Einklang bringen können.

Nützlich ist natürlich auch, verstehen zu können, wie sich Rollen im Zusammenspiel einer Gruppe auswirken. In einer festgefahrenen Gruppe habe ich z.B. die »Biographie« der Gruppe rekonstruiert, von der Zeugung bis in die Gegenwart, und so allen Beteiligten Gelegenheit gegeben, die Rollen zu explorieren, die sie in den einzelnen Szenen gespielt hatten.

DER ABLAUF EINES SOZIODRAMAS

Planung

Soziodramen werden in entsprechend angeleiteten Veranstaltungen – meist Workshops oder Seminare – durchgeführt. Die Leitung muß dafür sorgen, daß das Ziel der Sitzung auf sichere und kreative Weise erreicht wird. Jeder Leiter sollte sich daher in der Arbeit mit Gruppen auskennen und entsprechend ausgebildet sein, kreative Methoden und Techniken beherrschen und mit Psycho- oder Soziodrama vertraut sein.

Außerdem sind bei der Durchführung eines Soziodramas einige Aspekte zu berücksichtigen:

Zum einen muß sich jeder Leiter darüber bewußt sein, mit welcher Gruppe er arbeiten wird. Grundsätzlich gibt es zwei Arten: Gruppen, die sich eigens zur soziodramatischen Arbeit zusammenfinden, und Gruppen, die aus anderen Gründen gebildet werden, beispielsweise Trainingsgruppen, die sich mit Veränderungen im Management einer Organisation befassen müssen und im soziodramatischen Vorgehen ein geeignetes Instrument zur Auseinandersetzung mit den anstehenden Themen sehen. – Ob die soziodramatische Arbeitsweise tatsächlich angebracht ist oder nicht, hängt allerdings von verschiedenen Faktoren ab:

- von der **»Kultur«** der Gruppe:
  Es gibt Gruppen mit Regeln wie: »Wir sind hier nicht zum Spielen zusammen«.

- von den **Lernzielen**:
  d.h, was wurde vereinbart, was soll am Ende der Sitzung erreicht sein? Stark aufgabenorientierten Gruppen wissen eine soziodramatische Exploration möglicherweise nicht zu schätzen und erachten sie als belanglos.

- von der **zur Verfügung stehenden Zeit**:
  Ein ordentliches Soziodrama braucht genügend Zeit, um eine geeignete Arbeitsatmosphäre schaffen zu können.

- von der **Kompetenz der Leitung**:
  Wer sich für ein soziodramatisches Vorgehen entscheidet, sollte sicher sein, alle Themen, die eventuell auftauchen könnten, auch angemessen handhaben zu können.

- von den **Absprachen zwischen Leiter und Gruppe**:
  Möglicherweise wurden anfangs Vereinbarungen mit dezidierten Aussagen über die verwendeten Methoden gemacht. Wenn ein erlebnisorientiertes Lernen darin nicht enthalten war, sollte das neu verhandelt werden.

- von anderen **situativen Gegebenheiten**:
  So gibt es z.B. Räume, die nicht für eine soziodramatische Arbeit geeignet sind, etwa weil sie zu klein sind oder weil Verletzungsgefahr besteht.

Ein anderer Aspekt, der bedacht sein will, hat mit Fragen von **Machtverteilung und Diskriminierung** zu tun. Dabei geht es um Fragen wie:

- Ist der Raum, in dem gearbeitet werden soll, für Rollstuhlfahrer geeignet?

- den soziale Hintergrund des Leiters: Ist er Weißer, gehört der Mittelklasse an, und ist heterosexuell? Wenn ja, welche Wahrnehmungsverzerrungen könnten ihm unterlaufen, wenn in der Gruppe Farbige, Unterschichtklienten oder Homosexuelle sind? Wie könnte das seine Sprache beeinflussen, und wie werden ihn Teilnehmer mit anderem sozialem Hintergrund erleben?

- ein Bewußtsein vom Zugehörigkeitsgefühl in der Gruppe, und was Gruppenmitglieder, die Minderheiten oder sozial benachteiligten Schichten angehören, bei ihrer Teilnahme möglicherweise empfinden. Gibt es zum Beispiel einen Farbigen in einer Gruppe von Weißen, einen Behinderten in einer Gruppe von Nichtbehinderten, eine Frau in einer Männergruppe? Was läßt sich tun, damit auch diese Teilnehmer sich sicher fühlen können und Zugang zur Gruppe bekommen?

Ein dritter Punkt, der beachtet werden sollte, ist, ob der Raum groß genug ist, um eine oder mehrere Szenen spielen zu können. Anderseits sollte er auch intim genug sein, damit sich alle gegenseitig hören und niemand übersehen werden kann. Es darf auch keine Verletzungsgefahr bestehen. Idealerweise wird er mit Einrichtungsgegenständen ausgestattet, die auch alle geeignet sind, viele verschiedene Szenarien mit ganz unterschiedlichen Atmosphären einzurichten.

Außerdem sollte der Leiter sich auch selbst gut auf die Sitzung vorbereiten. Das beinhaltet, daß er überlegt, mit was für einer Gruppe er es zu tun hat, daß er verschiedene Möglichkeiten zum Einstieg in die Arbeit erwägt, und abwägt, welchen Verlauf der Tag möglicherweise nehmen könnte.

Wenn das Thema klar ist, sollte der Leiter ein wenig recherchieren. Natürlich kann man davon ausgehen, daß die Teilnehmer recht gut informiert sind – sofern es um ein Thema aus ihrem Arbeitsbereich geht, – dennoch sollte der Leiter aber auch darauf vorbereitet sein, etwaige Lücken schliessen zu können. Außerdem kann solch ein Wissen beim Leiten sehr hilfreich sein, da es beim Soziodrama ja immer auch um soziales Lernen geht.

Und nicht zuletzt muß sich auch der Leiter selbst auf die Sitzung einstimmen. Der Hauptteil seiner Arbeit besteht darin, der Gruppe beim Arbeiten »zuzuschauen und zuzuhören«. Das heißt, er muß einerseits fähig sein, zu hören, was gesagt wird, anderseits aber auch spüren, welcher Sinn in den Worten und Taten der Teilnehmer enthalten ist, um so den Beteiligten gemeinsame Themen und Anliegen identifizieren zu können. Damit das möglich wird, benötigt der Leiter innerlichen »Resonanzraum« um spüren zu können, was in der Gruppe abläuft.

Erwärmung

Zu Beginn eines Soziodramas steht die Erwärmungsphase, die sich aus einer ganzen Reihe von Elementen zusammensetzt.

Die Erwärmung des Leiters
Aus dem eben genannten folgt, daß der Leiter es schwer haben wird, eine Gruppe ans Arbeiten zu bringen, wenn er nicht selbst bereit und eingstimmt ist. – Die Erwärmung der Leitung beinhaltet folgende Aspekte:

- Gefühl für den Raum entwickeln: Wie stellt man die Möbel? Wo im Raum läßt sich szenisch arbeiten?

- organisatorische Details klären: Wie steht es beispielsweise um die Versorgung mit Tee oder Kaffee?

- sich auf die Arbeit konzentrieren und auf das, was kommen mag: Da es ja um ein Thema aus der Gruppe gehen soll, wäre der Leiter falsch beraten, von sich aus ein Thema vorzugeben. Sollte er es trotzdem tun, muß er damit rechnen, auf Widerstand zu stoßen und wenig Interesse für die Arbeit zu finden. Davon ausgenommen sind natürlich Workshop, für die ein bestimmtes Thema vereinbart oder angekündigt wurde.

- selbst Spontaneität zu entwickeln: Der Reiz eines Soziodramas besteht zum Teil auch darin, daß die Teilnehmer Szenen und Rollen selbst entwerfen. Sie sind also innovativ und schöpferisch tätig. Das bedingt aber auch, daß der Leiter gleichermaßen spontan ist, speziell auch bei Gruppen, die soziodramatisch noch wenig erfahren sind. Daher sollte jeder Gruppenleiter dafür sorgen, daß er sich zu Sitzungsbeginn energiegeladen und lebendig fühlt. Es handelt sich dabei schlichtweg um eine Überlebensnotwendigkeit für Gruppenleiter (nebenbei bemerkt: wer viel mit Kindern zu tun hat oder mit ihnen arbeitet, ist in dieser Hinsicht erheblich im Vorteil.)

Die Erwärmung der Gruppe
Auch dies beinhaltet viele unterschiedliche Aspekte:
a) Die Gruppenbildung:
Handelt es sich nicht gerade um eine fortlaufende Gruppe, dann hat es der Leiter zu Beginn mit einer Reihe einzelner Individuen zu tun. Vielleicht kennen sich einige sogar schon. Und sicherlich gibt es erhebliche Unterschiede, wie vertraut die Teilnehmer bereits mit der soziodramatische Arbeit sind. Ein vordringliches Ziel besteht zu Anfang daher darin, aus dieser Zusammenkunft einzelner Individuen eine Gruppe werden zu lassen. Man kann das auf vielerlei Wegen fördern. Der Leiter kann die Teilnehmer z.B. auffordern,

- sich so im Raum zu verteilen, daß ersichtlich wird, von wo aus sie für den Workshop angereist sind, wo sie geboren wurden, usw.

- mitzuteilen, wen sie bereits kennen und was sie dabei empfinden

- sich in Kleingruppen á drei oder vier Personen aufzuteilen und untereinander ein paar (z.B. vier oder fünf)

Gemeinsamkeiten ausfindig zu machen, die nicht offensichtlich sind.

- Namensspiele, z.B. einander einen Ball zuwerfen und dabei den Namen des anderen zu rufen. Dabei geht es darum, die Teilnehmer miteinander zu verknüpfen.

- Geschichten zu erzählen, z.B. die Teilnehmer erzählen zu lassen, was sie bei der Anreise erlebt haben. Alternativ könnte auch gemeinsam eine Geschichte erfunden werden, indem jeder dem, was zuvor erzählt worden ist, noch etwas anfügt.

b) mit dem Raum vertraut werden lassen:
Damit die Sitzung später gut läuft, sollten die Teilnehmer den Raum zu »ihrem« Raum machen können und sich überall in ihm wohl fühlen. Es ist daher ganz nützlich, die Teilnehmer den Raum physisch erkunden zu lassen:

- der Leiter kann fragen, wer am schnellsten alle Wände des Raumes berühren kann;

- der Leiter bittet die Teilnehmer, im Raum herumzugehen und zu erkunden, wo sie sich wohl fühlen und wo nicht; anschließend könnte dann jeder gemeinsam mit seinem nächsten Nachbarn die Empfindungen besprechen, die er dabei hatte, und wie es dazu kommt.

Bei all diesen Vorgehensweisen sollte man sich über eventuelle Behinderungen der Teilnehmer im Klaren sein, und ob der Raum entsprechend ausgestattet ist.

c) Sicherheit geben:
Die Teilnehmer werden wohl kaum wagen, im Spiel oder im Austausch untereinander neue Schritte auszuprobieren, wenn sie sich bedroht und wenig geborgen fühlen. Das betrifft sowohl die räumlichen Gegebenheiten, als auch die anderen Mitglieder der Gruppe und die Leitung. Es gibt viele Möglichkeiten, den Teilnehmern Sicherheit zu geben und Geborgenheit zu vermitteln:

- indem der Leiter im Rahmen der Einleitung und seiner eigenen Vorstellung seine Kompetenz aufscheinen läßt.

- indem die Teilnehmer begrüßt werden und eine Struktur für den Workshop vorgestellt wird.

- indem alle Teilnehmer die Möglichkeit haben, sich selbst vorzustellen. Das hat gleich zwei Vorteile: einmal entstehen Anknüpfungspunkte und eine erstes Netzwerk unter den Teilnehmern, zugleich erfährt der Leiter aber auch, was in den einzelnen gerade vorgeht.

- indem die Teilnehmer Gelegenheit bekommen, mitzuteilen, mit welchen Empfindungen sie jetzt im Workshop sitzen.

- indem Regeln für die Gruppe festgelegt werden: Die wichtigsten sind sicherlich die, bei denen es um Vertraulichkeit, gegenseitigen Respekt und den Umgang mit Macht geht. Die Teilnehmer werden kaum relevantes über sich selbst äußern, wenn sie nicht sicher sein können, daß alles, was im Kreis der Gruppe geschieht, auch wirklich vertraulich behandelt wird und diesen

Kreis nicht verläßt. Respekt für alle Äußerungen der Teilnehmer – und wie sie es äußern – ist entscheidend dafür, daß das Vertrauen entsteht: hier wird mir wirklich zugehört.

Themen, bei denen es um Aspekte von Macht und Einfluß geht – Macht auf Grund der individuellen Persönlichkeit oder Macht aufgrund sozialer Stellung – berühren natürlich auch Status und Einflußmöglichkeiten der Teilnehmer selbst. Entscheidend ist, daß niemand seine Macht in der gewohnten Weise nutzt und damit innerhalb der Gruppe die gewohnten Machtverhältnisse reinszeniert. Natürlich kommen auch Szenarien vor, in denen es um genau diese Machtverhältnisse geht. Doch auch da gilt, daß die Leitung so arbeiten soll, daß sie die Beteiligten ermutigt, die eigenen Interessen aktiv zu vertreten. Beispielsweise könnte man Arbeiter aus den unteren Lohngruppen eines Unternehmens in die Rollen der gewerkschaftlichen Unterhändlern schlüpfen lassen.

d) Physische Erwärmung:
Ist das Aktivitätsniveau einer Gruppe niedrig, so läßt es sich durch physische Aktivitäten erhöhen. Möglichkeiten dazu sind:

- Bewegen einzelner Körperglieder oder einzelner Körperteile

- Auf verschiedene Weise im Raum herumgehen: selbstbewußt, aggressiv, unterwürfig

- Partneraktionen. Z.B. schließt ein Partner die Augen, und der andere führt ihn im Raum herum oder »dirigiert« ihn durch Töne.
- Spiele in Kleingruppen: den Teilnehmern z.B. vorzuschlagen, miteinander eine Maschine zu bilden, etwa einen Automotor, und die Maschine zusammen mit entsprechenden Geräuschen in Bewegung zu versetzen.

e) Erwärmung zum Spielen :
Da Soziodramen den Aspekt des szenischen Spiels beinhalten, brauchen manche Gruppen eine Erwärmung, um die Hemmschwelle zu überwinden, sie könnten sich beim Spielen dumm anstellen und blamieren. Möglichkeiten dafür wären:

- Die Teilnehmer stehen im Kreis; zwei Teilnehmer werden gebeten, quer durch den Kreis zu gehen und einander aus verschiedenen Rollen heraus zu begegnen, z.B. als frühere Schulkameraden, heimlich Liebende, Lehrer und Schüler, usw.
- Ein Gegenstand wird herumgereicht und jeder zeigt, was man pantomimisch damit machen kann, zum Beispiel ein Lineal, mit dem sich ein Kamm oder ein Bleistift darstellen läßt.

Gibt es keine ausreichende Erwärmung, wird die Sitzung nicht richtig laufen. Zeit, die man für eine Erwärmung verwendet, ist selten vergeudet.

Sobald dieser Teil der Erwärmungsphase abgeschlossen ist, kann man zu ihrem eigentlichen Kern übergehen.

Ein Gruppenthema herausarbeiten

Wenn die Gruppe genügend erwärmt ist, muß – mit Unterstützung der Leitung – ihr Anliegen herausgearbeitet und formuliert werden: das Thema, um das es gehen soll. Es sei denn, vorab wurde schon eine bestimmte Fragestellung abgesprochen, oder die Veranstaltung wurde direkt zu einem bestimmten Thema ausgeschrieben. Doch auch dann sollte herausgearbeitet werden, welche thematischen Aspekte die Gruppe speziell interessieren. Es gibt eine ganze Reihe von Möglichkeiten, um das zu bewerkstelligen:

- Im Gespräch:

    Der Leiter fordert die Teilnehmer auf, zu zweit oder dritt darüber zu sprechen, welche Themen für sie gerade aktuell sind oder was sie zur Teilnahme an diesem Workshop bewegt hat. Was sich bei diesen Gespräche ergeben hat, sollte dann weiter ausgetauscht werden. Meist geschieht das im Plenum der Gesamtgruppe, oder aber auch indem sich jede Kleingruppe mit einer anderen zusammensetzt und erörtert, ob man sich auf ein gemeinsames Thema einigen kann. Kristallisieren sich mehrere Themen heraus, kann die weitere Klärung dann soziometrisch erfolgen, etwa indem der Leiter den Themen, die zur Diskussion stehen, einzelne Ecken oder Bereiche des Raumes zuordnet und die Teilnehmer bittet, den Bereich aufzusuchen, der für das Thema steht, das sie am meisten interessiert. Bearbeitet wird dann das Thema, bei dem sich die meisten Teilnehmer zusammenfinden.

- Mit Hilfe von Bildern:

  Der Leiter breitet Bilder auf dem Boden aus, die z.B. Menschen mit unterschiedlichem Ausdruck und in ganz in verschiedenen Situationen zeigen, und fordert die Teilnehmer auf, sich auf das Bild zu einigen, das sie im Augenblick am meisten (oder am wenigsten) anspricht.

- Mit Hilfe von Zeitschriften:

  Der Leiter gibt den Teilnehmer Zeitschriften mit der Bitte, sie durchzuschauen und einen Artikel zu finden, der ihre Aufmerksamkeit erregt. – Bei diesem wie auch bei der vorherigen Vorgehensweise kann es wieder ganz hilfreich sein, die Entscheidungsfindung soziometrisch zu unterstützen (indem sich die Teilnehmer im Raum dem Bild oder dem Artikel zuordnen, das bzw. der sie am meisten anspricht). Das Anliegen, das die meisten Teilnehmer auf sich zieht, gilt dann als gewählt.

- mit Hilfe von Gegenständen:

  Man fordert die Teilnehmer auf, sich einen Gegenstand auszusuchen – ein Kleidungsstück, etwas aus der Handtasche, die Geldbörse oder irgend etwas, das im Raum herumliegt – und darüber zu sprechen, was sich für sie damit verbindet. Während dieses Austausches wird sich höchstwahrscheinlich ein Thema herausschälen, z.B. »Einsamkeit« oder »gefangen in der Beziehung« o.ä.

- mit Hilfe von Wollknäueln:

  Der Leiter bittet die Teilnehmer, verschiedenfarbige Wollknäuel mitzubringen und die Fäden untereinander so zu verknüpfen und verweben, daß ein Muster entsteht, in dem sich widerspiegelt, wie ein jeder sich gerade fühlt. Auch hier kommt es wieder auf das Sharing an, über das ein Gruppen-Gefühls-Thema gefunden werden kann.

- durch Malen und Zeichnen:

  Zunächst klebt man mehrere Flipchartblätter zu einer großen Papierbahn zusammen. Danach werden die Teilnehmer gebeten, ihre Gedanken und Gefühle darauf zu zeichnen und malen. Anschließend betrachtet die Gruppe die Bilder und versucht, einen gemeinsamen Fokus zu finden. Bei einer anderen Variante dieses Vorgehens werden die Teilnehmer zum schriftlichen Brainstorming auf der Papierbahn aufgefordert, zu allen Themen, die ihnen gegenwärtig seien. Anschließend werden diese Themen sortiert und gruppiert, bis sich ein gemeinsames Thema herausschält.

Szenenaufbau

Das Thema, das im Verlauf der Erwärmung herausgearbeitet wurde, wird dann in Form eines Szenarios fokussiert, damit es auf die unterschiedlichsten Aspekte hin untersucht werden kann. Solch ein Szenario hat sich möglicherweise schon von selbst während der Erwärmung angeboten, es kann aber auch von einem Teilnehmer vorgeschlagen werden, und natürlich auch vom Leiter.

Ist ein Szenario erst mal ins Auge gefaßt, so gilt es, ihm eine physische Präsenz zu verleihen. Angenommen, das Thema »Kindesmißhandlung« soll mit Hilfe eines Szenarios »Familienleben« untersucht werden. Dann wären erst mal einige Fragen zur genaueren Präzisierung zu stellen:

- Um was für eine Familie handelt es sich?
- Was für ein Beisammensein soll es sein? Eine Mahlzeit? Oder beim Fernsehen?
- Wo, in welchem Zimmer spielt die Szene? Wie ist der Raum eingerichtet? Möbel, Einrichtung, Dekoration, usw.
- Wer ist alles in diesem Zimmer?
- Wer gehört noch zur Familie? Wer könnte sonst noch auftreten? (Damit lassen sich Rollen identifizieren, die im weiteren Verlauf der Handlung noch wichtig werden könnten (oder einfach auch nur den übrigen Teilnehmern Gelegenheit zur Beteiligung am Spiel ermöglichen könnten)
- Gibt es möglicherweise noch andere relevante Rollen (Nachbarn, Lehrer usw.)

Der erste Schritt besteht darin, den Raum zu charakterisieren und »einzurichten«. Daran sollten möglichst alle Gruppenmitglieder beteiligt werden, denn wer sich am Aufbau einer Szene beteiligt, kann sich auch besser mit ihr identifizieren.

Eine sehr schöne Möglichkeit, den Raum, seine Geschichte und seine Einrichtung mit Leben zu füllen, ist die, die Gruppenteilnehmer in die Rolle wichtiger Gegenstände wechseln zu lassen. (z.B. zur alten Standuhr zu werden, die erzählt, was sie in diesem Raum schon alles erlebt hat.)

Im nächsten Schritt werden die einzelnen Rollen der Szene – z.B. die einzelnen Familienmitglieder: Vater, Mutter, Tochter, Großmutter usw. – von Freiwilligen besetzt und ausgestaltet. Um den Rollenspielern behilflich zu sein, sich mit der Figur zu identifizieren und »die Figur zu werden«, sollte der Leiter die Spieler in der Rolle interviewen.

> **Leiter** (zur Mutter): »Erzähl uns etwas über Dich und Deine Familie.«
>
> **Mutter:** »Ich bin 42 und heiße Helene. Wir sind keine sehr glückliche Familie. Mein Mann und ich, wir haben uns nicht mehr viel zu sagen.«

Hätte die Mutter nicht aus der eigenen Person, per »Ich«, gesprochen sondern gesagt: »Sie ist 42, usw....« dann hätte der Leiter dem entnehmen können, daß sie die Rolle zunächst nur äußerlich eingenommen hat, ohne sich wirklich mit ihr zu identifizieren.

Menschen, die Rollen übernehmen, die neu für sie sind, neigen dazu, diese Rollen ein wenig klischeehaft zu spielen (d.h. die Aspekte, die sie für wesentlich halten, werden übertrieben – eine »jiddische Mama« wird z.B. so dargestellt, daß sie sich in alles einmischt und überbehütend ist). Wenn sich die Handlung dann weiterentwickelt, entspricht das Rollenspiel immer mehr dem, wie Menschen sich auch real verhalten. Das liegt daran, daß sich die Spieler zunehmend mit den Rollen identifizieren und ihr eigenes Erleben mit ins Spiel einfließen lassen. Gegen Ende werden die Rollen manchmal regelrecht »archetypisch« gespielt, d.h. es gelingt, sie in ihrem universellen Aspekt einzufangen. Im Falle der Rolle einer »Mutter« könnten das z.B. die Verhaltensaspekte sein, die der Begriff der »Mutter Erde« umreißt. Geschieht so etwas, dann treten massive Identifikationen in der Gruppe auf und bei allen Teilnehmern wird etwas angesprochen, das die Beziehung zur Mutter betrifft.

Den Handlungsablauf strukturieren

Bevor wir uns der Aktionsphase zuwenden, muß noch erörtert werden, wie sich die soziodramatische Arbeit strukturieren läßt.

Soziodramen sind kreative Gruppenprozesse. Sind sie mit der Anfangsszene erst mal gestartet, entwickeln sie sich eigenständig weiter, je nachdem, wie die Spieler ihre Rollen gestalten oder auch neue erschaffen. Dabei ist doch ganz nützlich, eine gewisse Strukturierung bieten zu können, damit nicht alles im Chaos endet.

Der Leitung kommt dabei die entscheidende Rolle zu. Sie sollte Vorschläge machen,

- wann und wie neue Rollenspieler einsteigen können

- welche Handlungsabschnitte besonders fokussiert werden sollen (und die übrigen Spieler und Handlungsstränge pausieren müssen).

Der Leiter kann beispielsweise seine Faust als »Mikrophon« über die Gruppe halten, die er in den Mittelpunkt der Aufmerksamkeit stellen will. Welche das ist, ergibt sich aus der Logik des Spiels und was aus seinen einzelnen Aspekten gelernt werden kann.

Ein weiterer struktureller Aspekt ist der, den Spielern, die zeitweise keine (relevanten) Rollen für sich sehen, einen Platz zuzuweisen, an dem sie sich aufhalten können. Je nachdem, wie der Raum beschaffen ist, könnte das eine Stelle im Raum sein, die als »Ort der Unbeteiligten« gilt, oder eine Wand, die als »sicher« gilt, an ihr können die Spieler eine Rolle ablegen und sich möglicherweise für eine andere bereitmachen.

Und was geschieht, wenn ein Spieler eine Rolle übernommen und erforscht hat, dann aber noch andere ausprobieren möchte? Mit etwas Glück handelt es sich nur um eine Nebenrolle, bei der es nicht weiter drauf ankommt, ob sie entschwindet. Was aber, wenn es sich aber doch um eine zentrale, für die Handlung unverzichtbare Rolle handelt, z.B. um den »Agenten der Veränderung« bei einem Soziodrama zur Organisationsentwicklung. In solchen Fällen kann man die Rolle durch einen Stuhl (oder indem man auf der Bühne eine bestimmte Stelle markiert) im Spiel präsent halten, und jeder, der sich auf diesen Stuhl setzt, ist in der Rolle des »Veränderungsagenten«.

Im Rahmen eines Soziodramas zur Wechselwirkung zwischen verschiedenen Teilen des Körpers, markierte ich die Plätze für Kopf, Herz, Bauch und Genitalien auf dem Boden. Damit ergab sich nicht nur die Möglichkeit für ein Gespräch zwischen diesen »Körperteilen«, sondern auch, daß diese Rollen von mehreren Personen gleichzeitig eingenommen werden konnten.

Bei der soziodramatischen Arbeitsweise geht es ja nicht nur um das, was gesagt wird, sondern auch darum, was gedacht und gefühlt wird. Die Technik des Doppelns bietet sich dafür natürlich an, sie macht aber auch eine Vereinbarung zum Vorgehen notwendig, durch das ein Doppeln als Doppeln (im Unterschied zur normalen szenischen Aktion, d. Ü.) gekennzeichnet wird: Sitzen die Rollenspieler, dann kann man sich z.B. hinter ihren Stuhl stellen und dadurch zeigen, daß man doppelt. Stehen die Rollenspieler oder bewegen sich durch den Raum, dann kann man ihnen die Hand auf die Schulter legen.

Aktionsphase

Die Szene ist eingerichtet, Regeln sind vereinbart, das Spiel kann beginnen. Für das, was dann geschieht, ist einiges zu beachten:

Die Rolle der Leitung
Es wurde schon darauf hingewiesen, daß der Leiter neben anderem auch die Aufgabe hat, einen bestimmten Handlungs-

Der Ablauf eines Soziodramas

aspekt auszuwählen und in den Mittelpunkt der Aufmerksamkeit zu stellen.

Darüberhinaus muß er auch auf den Fluß der Handlung achten. Er muß entscheiden:

- wann die Szene beendet wird
- welchen Verlauf sie weiter nehmen könnte
- welche Szene folgen könnte.

Wie auch immer sich der Leiter entscheidet, er muß dabei stets den Stand des aktuellen Lernprozesses, das Aktivitätsniveau und die Logik der Handlung mit berücksichtigen.

Außerdem hat er alle Teilnehmer im Auge zu behalten, um zu sehen:

- ob jemand den Eindruck erweckt, ins Spiel einsteigen zu wollen (»Aktionshunger« hat), aber keine Möglichkeit findet, sich einzuklinken;
- ob jemand so wirkt, als ob ihm das, was er sieht, Unbehagen bereitet;
- ob jemand in einer Rolle feststeckt und sich nicht daraus zu lösen vermag;
- wer eine interessante Erfahrung machen könnte, dazu aber die Rolle wechseln sollte.

Kommt so etwas vor, muß der Leiter den Stand des Spiels einschätzen und entscheiden, ob er etwas unternimmt. Er könnte beispielsweise:

- die Handlung stoppen und einzelne Teilnehmer befragen, wie sie den aktuellen Stand der Dinge gerade erleben.

- in aller Ruhe eine Rolle vorschlagen

- zu einem Rollentausch auffordern. Das sollte der Leiter vor allem auch dann tun, wenn er merkt, daß ein Spieler unter dem Eindruck seiner Rolle von Erinnerungen an die eigene Geschichte eingeholt wird. Der Leiter sollte diesen Spieler aus der Rolle herausholen, schließlich wurde ja ein soziodramatisches und kein psychodramatisches Spiel vereinbart. – Der betreffende Teilnehmer hat dadurch Gelegenheit, das Geschehen distanziert zu betrachten statt davon überwältigt zu werden. Die Tatsache, daß ein Spieler so persönlich involviert wird, kann aber auch ein Hinweis darauf sein, daß diese Rolle besonders wichtig ist. Sie sollte daher auf jeden Fall von jemand anderem übernommen werden, meist erweist sich das als sehr nützlich.

Das Energieniveau
Damit sich eine Szene mit Leben füllt, ist Energie notwendig. Was aber, wenn keine Energie da ist, oder wenn sie verschwindet? Ist bereits von Anfang an keine Energie vorhanden, dann

- war die Erwärmung vermutlich unzureichend und die Gruppe hat noch nicht zusammengefunden;

- ist das Thema, das herausgearbeitet wurde, vielleicht doch nicht das zentrale Anliegen der Gruppe;

- ist die Szene möglicherweise nicht geeignet, den Empfindungen, um die es bei dem gewählten Thema geht, Ausdruck zu geben;

- identifizieren sich die Spieler eventuell nicht ausreichend mit den Rollen;

- reichen die Rollen der Szene eventuell nicht aus oder sind zu beschränkt.

Verliert eine Szene im Laufe des Spiels an Intensität und Energie, dann vermutlich

- weil die Szene eigentlich schon ausgeschöpft ist. Es gibt nichts mehr zu sagen und zu tun;

- weil es sich um eine zu machtvolle Szene handelt. Der Energieverlust hilft, sich vor überwältigenden Gefühlen zu schützen. Zugleich kann es aber auch ein Hinweis darauf sein, daß die Teilnehmer sich in der Gruppe noch nicht sicher genug fühlen;

- weil die Szene sich in eine Richtung entwickelt, die nur noch von ein oder zwei Teilnehmern getragen wird.

In solch einer Situation kann der Leiter dann entweder seiner Intuition über die Ursachen des Absinken des Energieniveaus vertrauen, und entsprechen reagieren, oder aber er unterbricht das Spiel, teilt der Gruppe seine Eindrücke mit und vertraut auf die Diskussion, die Szene weiterzuentwickeln.

Das ist, als ob man ein Videogerät auf »Pause stellt. Meist stellt sich dann heraus, daß der Gruppe z.B. das offizielle Sachthema aktuell gar nicht so wichtig ist und sie momentan viel mehr mit der eigenen Gruppendynamik beschäftigt ist. Dann sollte man sich im nächsten Arbeitsschritt damit auseinandersetzen. Z.B. indem man den unterschiedlichen Ansichten, die in der Gruppe vorhanden sind, verschiedene Stellen im Raum zuweist, von denen aus sie sich artikulieren können. Anschließend wird dann ein Szenario gesucht, in dem diese »Stimmen« alle vorkommen. Ausgehend von der konkreten Gruppensituation wird also eine allgemeingültigere Szene entwickelt, um herauszufinden, was das Universelle am Gruppenprozeß ist. Ganz am Ende der Sitzung kann man dann wieder auf den Bezug zum Gruppenprozeß eingehen.

Das wäre ein Beispiel dafür, wie Soziodramen verlaufen können: man nehme eine konkrete Situation, erweitere davon ausgehend die Perspektive, um zu einem umfassenderen Verständnis zu kommen, und kehre dann mit den neuen Einsichten wieder zur Ausgangssituation zurück. Soziodramen können also den gleichen Bogen schlagen wie Psychodramen, bei denen man mit einem konkreten aktuellen Anliegen des Protagonisten beginnt, dann übergeht zu biographisch früher liegenden Szenen, die mit der Entstehung des Anliegens in Verbindung gebracht werden. In diesen Szenen löst man dann das, was ungelöst ist, und kehrt wieder zur Ausgangssituation zurück, um das ursprüngliche Anliegen dort neu, mit Hilfe der gewonnenen Erfahrungen, in Angriff zu nehmen.

Bei ihren Bemühungen, den Handlungsfluß einer soziodramatischen Exploration zu strukturieren, sollten Soziodramaleiter diese innere Verlaufslogik nicht aus dem Auge verlieren.

»Schwierige« Rollen
Häufig müssen auch problematische Rollen von Teilnehmern übernommen werden. Zwei Spielarten davon sollte die Leitung besonders im Auge behalten: abstoßende Rollen und Rollen, die fremd, bizarr und unheimlich sind.

Eine abstoßende Rolle ist z.B. die eines »bösen« Menschen, etwa die Rolle eines Rassisten in einem Soziodrama zum Thema Unterdrückung. Häufig handelt es sich um unverzichtbare Rollen, vor denen die Teilnehmer aber zurückschrecken. Im Gegensatz zur psychodramatischen Vorgehensweise arbeitet man im Soziodrama eher mit Rollen, die die Teilnehmer selbst gewählt haben (im Psychodrama wählt dagegen der Protagonist die Teilnehmer für die einzelnen Rollen aus). Der Leiter hat daher dafür zu sorgen, daß auch abstoßende Rollen mit einem Gefühl von Sicherheit gespielt werden können. Und er hat in doppelter Hinsicht Sorge dafur zu tragen, daß der Spieler einer solchen Rolle aus ihr entlassen wird: einerseits indem er sich selbst von dieser Rolle lost, andererseits muß er aber auch in den Augen der übrigen Gruppenmitglieder von der Rolle befreit werden.

Es kann hilfreich sein, für solche Rollen einen Stuhl zu verwenden. Die Teilnehmer können sich dann kurz drauf setzen (und damit die Rolle übernehmen), ein Statement abgeben und wieder weggehen. Diese Vorgehensweise ermöglicht, daß eine ganze Reihe der Teilnehmer von sicherer Warte aus erforschen können, wie die Welt von dieser Perspektive aus aussieht.

Problematisch ist auch, wenn jemand eine Rolle spielen soll, die ihm fremd oder unheimlich ist: wenn Männer z.B. Frauen spielen sollen (und vice versa), oder weiße Personen Farbige. Auch bei diesen Rollen kommt es darauf an, sie mit Hilfe eines Rollenwechsels lebendig werden zu lassen, geht es bei der soziodramatischen Arbeitsweise doch darum, den Teilnehmern Verständnis für die Rollen anderer zu vermitteln und den Blick für soziale Aspekte zu schärfen.

Solche Rollen müssen respektvoll angegangen werden. Häufig fallen sie zunächst reichlich klischeehaft aus. Dann sollte der Leiter behilflich sein, die Rolle weiter auszugestalten, etwa indem entsprechende Differenzierungsfragen gestellt werden, indem andere Gruppenmitglieder den Rollenträger in seiner Rolle doppeln, mit Hilfe eines Rollentausches oder im Rahmen eines Gesprächs in der Gruppe.

Techniken

Ein spezieller Aspekt im Rahmen der Aktionsphase sind die methodischen Möglichkeiten des Leiters, eine Inszenierung weiterzuentwickeln und auszugestalten. Dazu gehören unter anderem:

Die Arbeit mit Skulpturen
Bei dieser Vorgehensweise wird mit Hilfe von Teilnehmern und/oder Gegenständen ein »lebendes« bzw. plastisches Bild entworfen, um die Dynamik, die einer Situation zugrundeliegt, anschaulich werden zu lassen. Nebenbei stellt diese Arbeitsform auch eine unverfängliche Möglichkeit dar, um die Teilnehmer einer Trainingsgruppe für die Übernahme akti-

verer Rollen zu erwärmen. So ist es z.B. keineswegs erforderlich, daß jemand als »Teil« der Skulptur etwas sagen muß.

Angenommen, es soll um das Thema »Die Dynamik in Familien« gehen. Dann könnte der Leiter die Teilnehmer zunächst einmal auffordern, das hypothetische Bild einer Familie zu entwerfen. In der Regel greift die Gruppe dabei auf ein Stereotype zurück – z.B. Vater, Mutter, zwei Kinder. Als nächstes erkundigt sich der Leiter dann, wer gewillt wäre, die eine oder andere dieser Rollen zu übernehmen. Und im dritten Schritt bittet er um Ideen und Vorschläge, was sich zwischen den Mitgliedern dieser Familie womöglich gerade abspielt. Um diese Dynamik dann auch «sichtbar» zu machen, wird im letzten Schritt eine Skulptur geschaffen, mit den Rollenspielern als «Material»: ihre räumliche Konstellation, die unterschiedlichen Abstände zwischen ihnen und ihre Gestik soll dem Beziehungsnetz zwischen den Familienmitgliedern entsprechen.

Aus der physischen Konstellation, die «Vater» und «Mutter» erhalten, soll also hervorgehen, welche Beziehung ihnen unterstellt wird. Arm in Arm, mit Blickkontakt zueinander, so könnte eine enge und intime Beziehung dargestellt sein. Oder sie wenden einander den Rücken zu, das könnte ständige Streitereien und getrennte Schlafzimmer andeuten. Ebenso sollte die Gestik etwas über die Beziehung zwischen ihnen aussagen – eine steife Haltung mit ausgestrecktem Zeigefinger könnte z.B. den autoritären Charakter einer Person hervorheben.

Für die «Kinder» gilt das gleiche: ihre Position im Raum könnte z.B. andeuten, zu welchem Elternteil sie die stärkste Beziehung haben; ihre Haltung und Gestik, ob und wie sie ihre Eltern anschauen sollte die Art dieser Beziehung verdeutlichen.

Sollte dem Leiter daran gelegen sein, die entstandene Skulptur dann noch lebendiger werden zu lassen, kann er die Teilnehmer veranlassen, sich nacheinander mit den einzelnen Elementen der Skulptur zu identifizieren und sie zu doppeln, oder er bittet die Darsteller selbst, etwas aus ihren Rollen heraus zu sagen. Damit wäre dann aber die Grenze zwischen Skulpturarbeit und soziodramatischer Inszenierung schon überschritten.

Der Leiter kann auch einzelne Spieler herausnehmen, ihre Position durch andere ersetzen lassen, und die Skulptur vom Herausgeholten dann im Blick von außen kommentieren lassen – eine Vorgehensweise, wie sie auch in der Arbeit von Boal (1995) zu finden ist. Die Technik empfiehlt sich besonders, wenn ein Spieler in einer bestimmten Position heftige Gefühle erlebt. Die Außen- und Beobachterperspektive bietet mehr Distanz und »inneren« Raum, um über die Konstellation nachdenken zu können und Möglichkeiten ausfindig zu machen, die Skulptur angemessen zu variieren.

Wichtig ist in jedem Fall, daß die Gruppenmitglieder Gelegenheit erhalten, über den Prozeß der Skulpturbildung zu sprechen, er ist nämlich häufig mit intensiven persönlichen Erinnerungen und Gefühlen verbunden.

Die Skulpturarbeit kann auch zur Entwicklung eines Gruppenthemas (S. 27) genutzt werden. Etwa indem der Gruppenleiter die Teilnehmer bittet, sich so im zur Verfügung stehenden Raum zu verteilen, daß die Positionen und Abstände zueinander die Beziehungen unter ihnen in etwa widerspiegelt. Ist das geschehen, kann er jeden einzelnen bitten, den Beziehungen Bezeichnungen zu geben und die Gruppe entscheiden lasen, mit welcher der Beziehungen sie sich weiter befassen will.

Eine weitere Form der Skulpturarbeit ist die, mit Gegenständen zu arbeiten. Auch diese Möglichkeit bietet sich für die Phase der Themenfindung an. So könnte der Leiter z.B. vorschlagen: »Sucht Euch hier im Raum Gegenstände, die Euch selbst und Menschen aus Eurer heutigen und/oder Eurer Herkunftsfamilie symbolisieren können, und schafft daraus eine Skulptur.« Ist das geschehen, können die Teilnehmer herumgehen und nach einem gemeinsamen Thema in all diesen Skulpturen Ausschau zu halten.

Doppeln
Wie bereits beschrieben, besteht Doppeln darin, sich neben oder hinter den Darsteller einer Rolle zu stellen und noch unausgesprochene Gedanken und Gefühle in Worte zu fassen. Das wird dem Doppel um so besser gelingen, je mehr es dazu auch Körperhaltung und Gestik des Darstellers nachahmt.

Doppeln kann zu verschiedenen Zwecken eingesetzt und genutzt werden. Zum einen natürlich, um die Darstellung einer

Rolle zu vertiefen, indem man die unausgesprochenen Aspekte einer Interaktion ausspricht:

Ehemann (zu seiner Frau): »Ich bin müde«.

Doppel des Ehemanns: »Ich ärgere mich über Dich, Du merkst gar nicht, wie hart ich arbeite und mit welchem Mist ich mich den ganzen Tag herumschlagen muß«.

Weiter könnten Gruppenteilnehmer der Ansicht sein, der Darsteller einer Rolle könnte mehr in die Interaktion einfließen lassen, statt es nur zu denken:

Ehemann: »Ich bin müde«

Doppel: »Ich bin unserer Gespräche müde.«

Doppeln kann auch genutzt werden, um Spielern in ihren Rollen Unterstützung zu bieten. Etwa in einem Soziodrama zum Thema Aids: da kann es geschehen, daß der Spieler eines HIV-Positiven durchaus bemüht ist, seine Rolle mit (Er-)Leben zu füllen, möglicherweise entwickelt er aber doch Hemmungen oder fühlt sich mit der Rolle überfordert. Dann kann ein Doppel, das neben ihm bleibt und sich mit Hilfe einer synchronen Körperhaltung möglichst intensiv mit einfühlt, sehr unterstützend sein, sei es durch das Aussprechen von Gefühlen und Gedanken, sei es auch einfach nur durch die bloße Anwesenheit.

Ein Doppel kann vom Leiter über den gesamten Spielverlauf hinweg ständig mit im Spiel gehalten werden (d.h. immer dann, wenn die eigentliche Rolle in Aktion ist), ihr Auftritt kann aber auch kurz gehalten sein, wenn Gruppenmitglieder einen entsprechenden Impuls verspüren, auf die Bühne kommen, doppeln und die Szene gleich wieder verlassen. Es kommt auch vor, daß jemand als Doppel mit ins Spiel einsteigt, die Rolle dann aber ganz übernimmt oder teilt. Wie das im Einzelfall aussieht, hängt davon ab, welche Lernerfahrung für den einzelnen Spieler und für die Gruppe als ganzes angestrebt werden.

Manchmal muß die Leitung auch Einfluß darauf nehmen, wann der Spieler einer Rolle und wann das Doppel sprechen soll. Zu ausgiebiges Doppeln kann durchaus auch hemmend für den Fluß einer Szene sein, anderseits ist das, was ein Doppel zu sagen hat, häufig das Wichtigste für die ganze Szene.

Stimmen
Eine spezielle Form des soziodramatischen Doppelns ist die des »Stimmengebens« – Egal, um welche Szene es geht, sie lassen sich immer auf ganz unterschiedliche Weisen betrachten. All diesen Sichtweisen lassen sich Stimmen geben. In einem Soziodrama zum Thema »Familienleben« kommen dann möglicherweise Stimmen mit ins Spiel wie:

- die Frauenbewegung
- die Kirche
- die Familie als Idealvorstellung
- die Vertreter politischer Richtungen
- ältere Menschen, die Veränderungen gegenüber früher kommentieren

- Frauen, die keine Kinder haben wollen
- ein »Macho«

Um diese Stimmen mit ins Spiel zu bringen, lassen sich häufig auch entsprechende Rollen schaffen, manchmal bleibt es aber auch nur dabei, daß sie in der Art eines Doppels auftreten. Oft handelt es sich auch um Stimmen im Hintergrund, wie es sie so im wirklichen Leben nicht gibt, die den Rahmen einer Szene aber um wichtige Perspektiven erweitern und in einen neuen Sinnzusammenhang stellen. – Indem die Teilnehmer also ermutigt werden, sich solcher Sichtweisen anzunehmen und spontan als »Stimmen« ins Spiel mit einzuführen, entsteht eine Möglichkeit, gesellschaftlich relevante Kräfte mit zu berücksichtigen. Das heißt auch, die Leitung sollte die Teilnehmer immer darin bestärken, »erwärmt« zu bleiben und nach einer Möglichkeit zu suchen, etwas zur Weiterentwicklung der Inszenierung beizutragen und den Handlungsverlauf fortzuschreiben. Um ein erhöhtes Energieniveau beizubehalten, ist es bereits nützlich, die Teilnehmer einfach nur auf den Beinen zu halten und zu verhindern, daß sie sich setzen. Auch aus diesem Aspekt heraus ist die soziodramatische Arbeit par excellence eine Methode zum handlungsorientierten Gruppenlernen: es gibt immer eine Möglichkeit, wie Teilnehmer sich mit engagieren können.

Rollentausch
Rollentausch heißt, wie der Name schon sagt, daß jemand aus einer Rolle »herausschlüpft« und eine andere übernimmt.

Meist wird dann davon Gebrauch gemacht, wenn jemand in seiner Rolle in eine Auseinandersetzung mit jemand anderem gerät und es vermutlich darauf ankommt, nachvollziehen zu können, wie sich die Situation aus der Perspektive dieses anderen darstellt.

Zum Beispiel:

Frau: »Das ist wieder typisch Mann, wenn's darauf ankommt, dann wirst Du stumm wie ein Fisch...«

Leiter: »Rollentausch«

Mann (wiederholt in der Rolle der Frau die letzten Worte): ...»dann wirst Du stumm wie ein Fisch«.

Frau (in der Rolle des Mannes): »Das ist, weil....«

Ebenso nützlich ist der Rollentausch, wenn jemand angeregt werden soll, über eine Frage nachzudenken:

Frau: »Ich habe keinen Schimmer, was Männer in so einer Situation denken.«

Leiter: »Rollentausch...«

Im Soziodrama wird der Rollentausch auch verwendet, wenn der Leiter den Eindruck hat, daß jemand in einer Rolle etwas Wichtiges zu sagen hätte:

Gruppenmitglied: »Wenn ich du wäre...«

Leiter: »Sei sie – geh in ihre Rolle«

Und natürlich läßt sich der Rollentausch – wie weiter oben bereits gezeigt – auch dazu nutzen, um Teilnehmer zu schützen und aus einer Rolle heraus zu nehmen.

Selbstgespräch
Gelegentlich kann es wichtig werden, die Rolle, die jemand gerade spielt, auf eine Weise näher auszuleuchten, die im aktuellen soziodramatischen Geschehen aber gerade nicht verfügbar oder angebracht wäre. Ein Selbstgespräch aus der Rolle heraus bietet Spielern die Möglichkeit mitzuteilen, was in ihnen gerade vorgeht.

Abschluß

Soziodramen verlaufen häufig zirkulär: sie beginnen mit einer spezifischen Szene, arbeiten dann weitreichendere und allgemeinere Aspekte des mit der Szene angesprochenen Themas heraus, um dann wieder zur ursprünglichen Szenerie zurückzukehren und dort die neu gewonnenen Erkenntnisse mit zu berücksichtigen und einzufügen. Die Logik des Spielverlaufs kann aber durchaus auch einmal einen anderen Ablauf erfordern.

Am Ende eines Soziodramas gilt es auch immer wieder, der Versuchung zu widerstehen, ein »Happy End« zu schaffen: alle gemeinsam, Hand in Hand, gegen das Böse der Welt in seiner jeweiligen Erscheinung. Einfache und klare Lösungen gibt es bei der soziodramatischen Arbeit nur selten, unter anderem auch, weil es bei ihr ja immer auch gerade darum geht, mögliche Handlungsräume zu entdecken und verschiedene Handlungsalternativen herauszufinden.

Ist das Spiel selbst abgeschlossen, beginnt die Integrationsphase, die Zeit des Sharings. Dabei sind zumindest vier Dimensionen mit zu beachten:

1) *Sharing aus der Rolle:*
   (im deutschen Sprachraum ist hierfür der Begriff »Rollenfeedback« üblich; Anm. d. Ü.) Hierbei teilen die Teilnehmer einander mit, was sie während des Spiels in den Rollen erlebt haben, also immer noch aus der Sicht der Rollenfigur. Ein Ziel der soziodramatischen Arbeit besteht ja darin, Bewußtsein für und von Rollen zu entwickeln, also das Verständnis der Teilnehmer für Rollen zu erweitern. Das Sharing aus der Rolle / Rollenfeedback unterstützt diesen Prozeß.

   Erst danach kommt für die Teilnehmer das Lösen aus der Rolle (»de-roling«), also das Ablegen der Empfindungen, Handlungsmuster und Denkweisen, die mit einer Rolle verbunden sind. – Praktisch kann das beispielsweise so aussehen, daß die Rollenspieler sich mit einem Partner aus der Gruppe über zwei Aspekte unterhalten, in denen sie sich von der gespielten Rolle unterscheiden, und über einen, den sie bei sich selbst schätzen.

2) *Persönliches Sharing:*
   Hierbei teilen die Gruppenteilnehmer einander aus der eigenen, ganz persönlichen Sicht heraus mit, was sie während des Spiels erlebt haben und welche eigenen Erinnerungen ihnen in den Sinn gekommen sind.

Ein Ziel der soziodramatischen Arbeit besteht ja auch darin, Katharsis möglich zu machen und die emotionale Kompetenz zu erweitern. Das persönliche Sharing bietet den Teilnehmern Raum dazu bzw. eine Gelegenheit, mitzuteilen, wann sie während des Spiels solche kathartischen Momente erlebt haben.

3) *Thematisches Sharing:*
Hierbei teilen die Teilnehmer einander mit, welche Erkenntnisse sie in Bezug auf das gemeinsame Thema gewonnen haben und was hinsichtlich der Fragestellung, die man miteinander vereinbart hatte, erlebt und gelernt worden ist.

Ein weiteres Ziel der soziodramatischen Arbeit ist ja, soziales Lernen zu bewerkstelligen. Das geschieht in dieser Phase. Dabei muß darauf geachtet werden, daß alle Meinungen und Sichtweisen zur Geltung kommen und respektiert werden. Andernfalls kann sich leicht ein pseudoliberaler Konsens entwickeln, bei dem andersartige Ansichten einem Tabu unterliegen.

4) *Prozeßsharing:*
(im deutschen Sprachraum ist hierfür der Begriff »Prozeßanalyse« üblich; Anm. d. Ü.) Diese Phase ist besonders im Rahmen von Trainingsveranstaltungen wichtig. Gruppe und Leitung durchdenken gemeinsam den Verlauf des Soziodramas, welche Erkenntnisse sich daraus ergeben und welche Konsequenzen Gruppe wie Leiter daraus ziehen wollen.

Häufig findet diese Phase erst nach einer Pause statt, denn um den Ablauf des soziodramatischen Geschehens analysieren zu können, ist eine gewisse Distanz zu dem gemeinsam entwickelten Prozeß notwendig. Geht man zu früh zur Prozeßanalyse über, besteht immer die Gefahr, kathartische Prozesse (die wichtig für das emotionale Lernen sind) bei einzelnen Teilnehmern zu behindern oder abzubrechen.

SOZIODRAMEN, DIE VON »REALEN« SITUATIONEN AUSGEHEN

Beim »klassischen« Soziodrama geht es vorwiegend um **fiktive** Szenarien, selbst wenn sie sich an realen Ereignissen orientieren, an denen Teilnehmer beteiligt oder mit denen sie konfrontiert waren.

Spiele, die dagegen von »realen« persönlichen Erfahrungen einzelner Teilnehmer ausgehen, stellen aber eher das subjektiv-individuelle statt des gemeinsamen sozialen Erlebens in den Vordergrund. Und mit größter Wahrscheinlichkeit geraten sie zu einer weit mehr therapeutischen Veranstaltung als zu einer des sozialen Lernens. Und drittens: handelt es sich um das »reale« Erlebnis eines Teilnehmers, so bleibt der Erfahrungsraum auch durch das begrenzt, was denn nun »wirklich« in der jeweiligen Situation geschehen ist. Und viertens darf auch nicht übersehen werden, daß die Entwicklung des Spielverlaufs in vieler Hinsicht von den Bedürfnissen des Teilnehmers geprägt sein werden, von dessen persönlichem Erlebnis das Spiel ausgeht. Leitung und Gruppe können sich dann meist nur schwer von diesen Bedürfnissen freimachen.

Natürlich gibt es aber durchaus auch Anlässe und Gelegenheiten, bei denen man reale Ereignissen zur Grundlage eines

Spiels machen kann. So könnte man zum Beispiel von alltäglichen Erfahrungen ausgehen, mit denen (fast) alle Teilnehmer vertraut sind. Nur darf sich die soziodramatische Exploration dann aber keinesfalls auf das beschränken, was »real« passiert ist, es kommt vielmehr darauf an, die Teilnehmer das Geschehen aus unterschiedlichen Perspektiven erleben zu lassen und so zu einem neuen Verständnis der Situation gelangen können.

Oder ein Gruppenmitglied möchte näher untersuchen, was in einer Arbeits- oder Trainingsgruppe passiert ist, die er geleitet hat. In solch einem Fall müßte der Leiter sich zunächst Gewißheit verschaffen, daß sich die Gruppe für dieses Anliegen interessiert.

Ein Weg, solch ein Anliegen zu bearbeiten, bestünde darin, die Situation der Trainingsgruppe zu reinszenieren. Etwa indem man sich mit Hilfe einer Skulptur einen Eindruck von ihrer Dynamik verschafft. Davon ausgehend ließe sich das weitere Geschehen dann in eine fiktive Situation überführen. Damit wäre es dann möglich, das Verhalten von Gruppen viel weitergehend zu erforschen, ohne an das schon bekannte (vom Teilnehmer berichtete) Geschehen in der rekonstruierten Trainingsgruppe gebunden zu sein. Die so gewonnenen Erkenntnisse müßten dann wieder in Bezug zur Ausgangssituation gebracht werden, um möglicherweise herauszufinden, was in der Trainingsgruppe »passiert« ist.

Ein anderer Weg bestünde darin, diese Trainingsgruppe reinszenieren zu lassen und dann das Gruppenmitglied, das diese Gruppe zu leiten hatte, verschiedene Vorgehensweisen ausprobieren zu lassen. Damit das Gruppenmitglied die Rolle »Gruppenleitung« einüben und erproben kann, ließen sich die gleichen soziodramatischen Techniken verwenden wie sonst auch.

Z.B. könnte der Rollentausch genutzt werden, um die »Leiterin« erleben zu lassen, wie ihre Interventionen auf die Teilnehmer der Trainingsgruppe wirken, oder um andere Gruppenmitglieder die Rolle »Gruppenleitung« übernehmen zu lassen. Dadurch hätte die Leiterin dann einen Vergleich, wie andere Kollegen die Rolle ausgestalten, gleichzeitig könnten die betreffenden Spieler auch selbst etwas ausprobieren und lernen. Bei dieser Vorgehensweise muß man sich aber darüber im Klaren sein, daß die Interessen der Gruppe zeitweise hinter die Interessen eines einzelnen Teilnehmers gestellt werden – es sei denn, das Anliegen des Einzelnen trifft das Thema der ganzen Gruppe.

Zuweilen kommt es auch vor, daß intensive Gefühle ein Mitglied der Gruppe überwältigen, ausgelöst durch die Ereignisse im soziodramatischen Spiel. Auch dies könnte die Leitung zum Anlaß nehmen, um sich (an Hand dieses persönlichen Anliegens) »realen« Ereignissen zuwendet – immer vorausgesetzt, der betreffende Teilnehmer und die Gruppe sind damit einverstanden. Man könnte dies dann ein »personenzentriertes« Soziodrama nennen oder als Protagonistenspiel im Rahmen eines soziodramatischen Kontextes ansehen. Es steht dem Leiter dann frei, das Anliegen im Rahmen der auslösenden Szene zu erkunden (wobei die anderen Gruppenmitglieder als »Hilfs-Iche« des Protagonisten aktiv werden und zentrale Rollen aus dem Leben des Protagonisten übernehmen können) oder aber – ganz wie beim klassischen Protagonistenspiel – biographisch zurückzugehen, um möglicherweise eine »Ursprungsszene« aufzuspüren.

BEISPIELE AUS DER PRAXIS

In diesem Kapitel werden nun verschiedener Anlässe vorgestellt, bei denen entweder komplette Soziodramen durchgeführt wurden oder bei denen soziodramatische Techniken verwendet wurden, um »Lernen als Gruppe« möglich zu machen.

Kinderschutz

Im ersten Beispiel geht es um einen Seminarangebot für Menschen, die beruflich im Bereich »Kinderschutz« tätig sind. Der vertraglich vereinbarte Auftrag besteht darin, sich sowohl mit den Ursachen für Kindesmißbrauch auseinanderzusetzen als auch mit der Frage, wie stellt man einen Mißbrauch fest?

Nach der Erwärmungsphase wird eine fiktive Familie zusammengestellt. (Mit den verschiedenen Rollen, die die Gruppenmitgliedern auswählen – beispielsweise Stiefvater, Großvater etc. – werden implizit bereits Theorien der Teilnehmer deutlich, wer in welchem Maße gefährdet ist, Mißbrauchsopfer oder -täter zu werden). Diese Rollen werden zunächst mit Hilfe von Stühlen repräsentiert, gleichzeitig werden auch die Regeln fürs Doppeln und für die ad-hoc-Einführung neuer Rollen bekannt gegeben. Darüber hinaus wird nur noch eine

Beispiele aus der Praxis

einzige weitere Vorgabe gemacht: irgendwann während des Spiels sollte klar werden, daß es Übergriffe gibt oder gegeben hat.

Jedesmal, wenn dieses Szenario durchgespielt wurde, entwickelte sich ein anderes Interaktionsmuster zwischen Täter und Opfer. Jeder Spieldurchgang endete mit dem »Aufdecken« des Mißbrauchs. Danach wurde dann immer noch Raum für ein Rollenfeedback und das persönliche Sharing gegeben. Außerdem boten der Spielverlauf und die aufgetretenen Rollen genügend Gelegenheit, Mißbrauchstheorien vorzustellen und sich mit ihnen auseinanderzusetzen.

Am Nachmittag wurde den Gruppen angeboten, sich mit dem betreffenden »Fall« weiter zu beschäftigen, entweder aus professioneller Perspektive oder aber aus der Sicht der betroffenen »Familie«. Je nach Interesse entschieden sich die Gruppen für die eine oder andere Option.

Entschieden sich die Teilnehmer für die professionelle Sichtweise, so wurde eine Fallkonferenz inszeniert. Das bot ihnen die Möglichkeit, die Rollen der verschiedenen, beruflich mit solch einem Fall befaßten Personen kennenzulernen und zu erforschen. – Generell wurde dabei mit dem Rollentausch gearbeitet: Sozialarbeiter übernahmen die Rollen von Polizisten, Bewährungshelfer wurden zu Kinderpsychiatern, u.s.w. In diesen Gruppen ging es darum, etwas über Rollen und ihr Zusammenspiel zu lernen.

Entschieden sich die Teilnehmer für die familiäre Sicht, so wurde die Entwicklung der Familie bis zu einem Familientreffen 20 Jahre später durchgespielt. Auch dabei gab es viel über Rollen und die diversen Aspekte von Mißbrauch zu lernen. Der Schwerpunkt lag aber stets im Bereich des emotionalen Lernens, d.h. darin, daß die Beteiligten ihre Empfindungen im Hinblick auf Mißbrauch mittels eines kathartischen Er- und Auslebens intensiv erkunden konnten.

Altenarbeit

Hierbei handelte es sich um einen kurzen Workshop mit einer Gruppe, deren Mitglieder 75 und älter waren. Nach einer kurzen Erwärmungsphase (hauptsächlich, um mit dem Leiter bekannt zu machen, die Gruppenmitglieder kannten sich schon recht gut) wurde an Hand von »Geschichten aus alten Tagen« eine Szenerie entwickelt. Daraus entwickelte sich die »Wiederbelebung« von Treffen, wie sie die Gruppe von früher her gewohnt war – einschließlich der Möglichkeit, zu tanzen.

Bei dieser Veranstaltung ging es also vor allem um Erinnerungsarbeit, darum, früher vorhandene Fähigkeiten wiederaufleben zu lassen und neu auszuprobieren.

Mitarbeiter der Altenpflege

Ziel dieses Seminars war, Mitarbeitern der Altenarbeit und Altenpflege einen Eindruck davon zu vermitteln, wie es sich anfühlt, auf der »anderen Seite« des Systems zu stehen (s. Wiener & Traynor, 1987-8). Die ganze Veranstaltung bestand im Grunde aus einem einzigen riesigen Rollentausch. Alle Teilnehmer wurden gebeten, in der Rolle eines der von

Ihnen betreuten Senioren zu kommen. Passende Requisiten standen bereit: Brillen, um die Sicht zu beeinträchtigen, Zimmerabgrenzungen usw. Die Veranstaltung selbst fand in einer Turnhalle statt. Auch wenn alle Rollen real existierenden Personen entsprachen, blieb die »Tagesstätte« und die in ihr stattfindenden Interaktionen fiktiv, da die Teilnehmer aus verschiedenen Institutionen kamen. Die Teilnehmer wurden gebeten, den ganzen Tag über in ihrer Rolle zu bleiben.

Die meisten merkten, wie langweilig das Leben unter solchen Umständen war und realisierten, warum Ereignisse wie Mahlzeiten, die den Tag zeitlich strukturierten, so wichtig waren.

Das gleiche Experiment konnte bei anderer Gelegenheit in der ersten Sitzung eines auf 18 Monate angelegten Veränderungsprozesses durchgeführt werden, und zwar mit dem Leitungsteam einer Altenpflege-Einrichtung. Dabei sollten im Rahmen einer Teamentwicklungs-Maßnahme Ziele und Werte der Gruppe untereinander abgestimmt werden.

Eine Veranstaltung mit Betreuern ehrenamtlicher Helfer

Dabei handelte es sich um eine Großgruppenveranstaltung mit etwa 80 Personen. Die erste Arbeitseinheit am Morgen war der Erwärmungsphase vorbehalten, die darauf abzielte, möglichst viele Teilnehmer mit möglichst vielen anderen Teilnehmern in Kontakt und Interaktion zu bringen. Im weiteren Verlauf des Vormittags wurden dann die relevanten Themen herausgearbeitet, die bei der Arbeit mit ehrenamtlichen Helfern von Bedeutung sind. Dazu gehörten dann unter anderem Rekrutierung, Auswahl und Schulung.

Am Nachmittag wurde dann ein großer Stuhlkreis gebildet, mit zwei leeren Stühlen in der Mitte. Zwei Freiwillige meldeten sich, um die Rollen von Personen zu übernehmen, die für die Organisation ehrenamtlicher Tätigkeiten zuständig sind. Alle übrigen wurden gebeten, die Rolle von möglichen freiwilligen Helfern zu übernehmen und alle nur denkbaren Gründe aufzuzählen, die für oder gegen eine ehrenamtliche Tätigkeit sprechen würden. Der Leiter bat die, die positive Gründe äußerten, mit ihrem Stuhl ein wenig vor zu rücken und sammelte dann auf dem Flipchart, welche Wünsche sie an die Trägerorganisation einer solchen Tätigkeit hätten, was sie dafür bräuchten. Anschließend wurde gefragt, wer von diesen »Freiwilligen« sich mit der Rolle weiter auseinandersetzen wolle. Die meisten zeigten sich interessiert und blieben im Kreis, ein paar kehrten lieber in den Außenkreis zurück.

Der weitere Spielverlauf orientierte sich dann an den Trainings- und Entwicklungsphasen freiwilliger Helfer. Der Fokus richtete sich nun auf die beiden Organisatoren/Ausbilder. Dabei wurde die ganze Gruppe gebeten, sich mit ihrer Rolle zu identifizieren und ihre Überlegungen zu doppeln. Der Sinn einer solchen Maßnahme ist, sicherzugehen, daß alle in der Gruppe vorhandenen Ansichten zur Geltung kommen können, daß das Niveau der Beteiligung am Spiel möglichst hoch bleibt, und um die Spieler der beiden zentralen Rollen davor zu bewahren, die ganze Arbeit allein machen zu müssen.

Beispiele aus der Praxis **63**

Im nächsten Schritt wurden dann die Teilnehmer im äußeren Kreis gebeten, Rollen von Menschen aus dem sozialen Feld einzunehmen und aus diesen Rollen heraus Anliegen an die Ehrenamtlichen zu formulieren. Dies führte dazu, daß die (professionellen) Organisatoren, die Menschen mit einem Anliegen und die freiwilligen Helfer intensiv darüber diskutierten, wer im Verhältnis zwischen »Auftraggebern« und freiwilligen Helfern was zu sagen haben sollte oder zu sagen hat.

Zum Abschluß wurden die wichtigsten Punkte der Veranstaltung auf einem Flipchart gesammelt und festgehalten. Die Teilnehmer bildeten nochmals Kleingruppen zum Austausch über die Empfindungen, Erfahrungen und Erkenntnisse, die sie während des Tages bewegt hatten.

Politische Bildung

Im Rahmen eines Gewerkschaftskurses zur politischen Bildung ging es um die Frage, was Sozialismus in der Praxis bedeuten könnte. Jede Woche wurde aus der Kursgruppe ein Komitee im Auftrag eines postrevolutionären sozialistischen Rates und spielte eine Komiteesitzung durch, die mit der Verabschiedung eines Aktionsprogrammes endete. Dabei hatten die Teilnehmer Gelegenheit, unterschiedliche Ansichten und Perspektiven erkunden.

Veränderungsmanagement

Zu diesem Thema haben mit Gruppen von Menschen gearbeitet, die Veränderungsprozesse in ihren Institutionen verstehen und gestalten wollten. Bei einer dieser Veranstaltungen entstand das Szenario einer Seereise: die »Besatzung eines Schiffes« (die Teilnehmer) verläßt ihren Heimathafen (die gegenwärtige Organisationsstruktur), um die Reise zu einer bislang kaum erforschten fernen Küste zu wagen. Diese metaphorische Inszenierung gestattete es, ein breites Spektrum von Themen anzugehen: die Abschieds- und Verlustgefühle; welche Karten nützlich sein könnten; die Rollen der »Schiffsoffiziere«; gibt es Riffe oder Untiefen; oder gar eine verführerische Sirene; was braucht die Besatzung, um sicher landen zu können; usw. Die Sitzung endete mit einer Botschaft der »Schiffsmannschaft« an die Daheimgebliebenen – die eigentliche Hauptgruppe –, wie weiter vorzugehen sei.

Die Teilnehmer eines anderen Workshops modellierten die aktuelle Organisationsstruktur auf der einen Seite des Seminarraums, die angestrebte künftige Struktur auf der anderen Seite. Dieses Szenario bot Raum, sowohl um den Gefühlen, die mit der Veränderung verbunden waren, Geltung zu verschaffen oder Anteil an ihnen zu nehmen, als auch, den Wissensstand untereinander abzugleichen. Indem alle Rollen besetzt wurden, die zu diesem Veränderungsprozeß gehörten, gelang es, eine große Bandbreite von Standpunkten und Sichtweisen zu erkunden. Die eigentliche »Handlung« bestand darin, sich langsam vom einen zum anderen Ende des Raums zu bewegen, Schritt für Schritt, und bei jedem einzelnen darauf zu achten, was zu geschehen hätte, wer was zu wem sagen müßte, wer mit wem welche Vereinbarungen zu treffen hätte, und welche Schwierigkeiten auftreten könnten.

Biographiearbeit

Für Erzieher und Mitarbeiter des Jugendamts, die bei der Vermittlung von Pflegeplätzen mit schwirigen Entscheidungen zur Unterbringung von Kindern konfrontiert sind, haben wir ein spezielles soziodramatisches Vorgehen entwickelt. Das Szenario des folgenden Beispiels beruht auf einer realen Familiensituation. Alle Teilnehmer hatten mit der betreffenden Familie und der Vermittlung zu tun.

Die Person, die mit der Situation am besten vertraut ist, wird zum »Erzähler«. Die soziodramatische Inszenierung beginnt soweit zurück in der Familiengeschichte als möglich. Alle wesentlichen Rollen werden von den Teilnehmern übernommen – solange sie »Kinder« sind, setzen sie sich auf den Boden, werden sie »älter« und schließlich erwachsen, so knien sie und stehen. Jeder wichtige Punkt der Familiengeschichte wird genauer erforscht, indem eine Szene zwischen den Schlüsselfiguren entwickelt wird. Wird ein Kind woanders untergebracht, so wird dies mit Hilfe einer Skulpturarbeit erforscht: die Kinder werden regelrecht von einem Platz im Raum an einen anderen »verschoben«. Insgesamt gibt es reichlich Gelegenheit für Rollentausch und Doppeln.

Diese Methode hat sich bewährt:

- um sich ein Bild von der emotionalen Situation des betreffenden Kindes zu machen.

- um die Teilnehmer buchstäblich »sehen« zu lassen, wie sich das Leben des Kindes vor ihnen entfaltet.

- um zu verstehen, warum es bei Unterbringungen immer wieder so viele Schwierigkeiten gegeben hat.

- um herauszufinden, wie und wieso die Dinge schiefgegangen sind.

- um Strategien für die weitere Entwicklung auszuarbeiten.

- um all den Diensten und Helfern, die mit involviert sind, eine gemeinsame Ausgangsbasis zu geben.

Arbeit mit Teams

Bei diesem Auftrag ging es darum, Ausbildungsleitern im öffentlichen Dienstes Gelegenheit zu geben, ihre Kompetenzen in der Beratung von Teams zu erweitern. Hierbei entwickelte die Gruppe – im Anschluß an eine Erwärmungsphase – ein fiktives Mitarbeiterteam, wobei die einzelnen Rollen durch Stühle repräsentiert wurden, auf denen Kärtchen mit den wichtigsten Informationen zur betreffenden Rolle lagen. Im nächsten Schritt übernahmen nacheinander alle Teilnehmer die Rolle eines »Beraters« und befassen sich mit den Schwierigkeiten und Problemen des »Teams«, alle übrigen Gruppenmitglieder konnten wärenddessen die einzelnen Rollen des »Teams« mittels Doppeln ausgestalten. Gelangte die »Beratung« an einen kritischen Punkt, so wurde das Spiel angehalten, alle legten ihre jeweilige Rolle ab und verwandelten sich in Teamberater, die in Kleingruppen ihr weiteres Vorgehen ausarbeiteten.

Einen ähnlichen Auftrag führten wir in Form einer Gruppensupervision durch. Jeder Teilnehmer erhielt Gelegenheit, das von ihm geleitetet Team in Szene zu setzen. Die einzelnen Rollen wurden vom jeweiligen Teilnehmer mit Mitgliedern der Gruppe besetzt, und indem er hinter jeden Stuhl trat und sich im Selbstgespräch aus der Rolle heraus äußerte, stellte er sie vor. Diese Inszenierungen gingen von realen Ereignissen und Gegebenheiten aus, im soziodramatischen Spiel wurden die Szenen aber weiterentwickelt und den Teamleitern wurde es so möglich gemacht, unterschiedliche Optionen zur Bewältigung der vorhandenen Schwierigkeiten auszuprobieren. Auch in diesem Fall kamen die Techniken Doppeln, Rollentausch und Selbstgespräch zur Verwendung.

Zeitungsmeldungen

Eins unserer Seminarangebote galt der soziodramatischen Auseinandersetzung mit Nachrichtenmeldungen. Die Gruppe entschied sich für eine Meldung über den politischen und ökonomischen Wandel in Rußland und entwarf ein Szenario, das alle »ökonomischen« Akteure umspannte – vom Westbankier bis zum Kleinbauern vom Lande. Mit der Handlung, die sich dann entspann, wurde deutlich, welche Implikationen möglicherweise mit den ökonomischen Veränderungen verbunden sind und wie Macht und Einfluß auf die verschiedenen Rollen verteilt sind.

Gemeinwesenarbeit

Auch in der Zusammenarbeit mit Stadtteil-Initiativgruppen hat sich das soziodramatische Vorgehen bewährt. So ließ sich anhand der Simulation einer »typischen« Wohnsiedlung erkunden, wie und auf welcher Basis es überhaupt – angesichts der Vielfalt unterschiedlicher familiärer Strukturen und kultureller und ethnischer Zugehörigkeit – möglich sein könnte, irgendeine Art von Verbundenheit zwischen den Einwohnern zu etablieren. So entstand zum Beispiel der Gedanke, allein lebende ältere Personen und junge alleinerziehende Eltern, die am Ort keine familiäre Beziehungen hatten, miteinander in Verbindung zu bringen: eine Art von »Großeltern-Pflegschaft«. Als die Idee dann soziodramatisch durchgespielt wurde, wurde klar, daß die Szene noch durch »Offizielle« ergänzt werden sollte, denn damit solch ein Kontakt überhaupt erst mal zustande kommen kann, müßte er über Stadtteil-Sozialarbeiter o.ä. laufen. Außerdem wurde deutlich, daß die Gemeinde passende Räume (repräsentiert durch Stühle) zur Verfügung stellen sollte, damit die Kontakte an einem neutralen Ort angebahnt und entwickelt werden konnten.

Stadtteilarbeit

Im Rahmen eines ganztägigen Workshops widmeten wir uns auf der Grundlage von Boal's Forum-Theater der Situation in einem innerstädtischen Bezirk, mit seinen typischen Problemen wie Armut, schlechten Wohnverhältnissen und Kriminalität. Im Laufe dieses einen Tages entwickelte die Gruppe, bestehend aus ca. 20 Teilnehmern, drei Themen:

Beispiele aus der Praxis

- Konfrontation mit einem Hausverwalter
- der Umweltzerstörung und -verschmutzung entgegenzutreten
- mit Obdachlosen und Bettlern zurechtzukommen

Diese Themen wurden mit einem schriftlichen Brainstorming erarbeitet: große Bögen Papier wurden auf dem Boden ausgebreitet, jeder schrieb darauf, was ihm im Zusammenhang mit dem Stadtviertel in den Sinn kam, und zum Schluß wurden alle diese Gedanken geclustert und zu übergeordneten Themen zusammengefaßt. Am Abend gesellten sich noch mehr (ca. siebzig) Personen zur Gruppe dazu. Dann wurde jede Szene zunächst einmal ganz durchgespielt und so dem Publikum vorgestellt, in einem zweiten Durchgang wurde das Publikum dann eingeladen, aktiv zu werden, selbst in die Rollen zu gehen und eigene Ideen zur Bewältigung des Problems durchzuspielen.

Bei einem anderen Stadtteil-Workshop widmete sich die Gruppe Wohnproblemen. Im Laufe des Tages entwickelte sie eine Szenenfolge, bei der es um die Bemühungen eines Mieters ging, seine Haustür reparieren zu lassen. Das gab der Gruppe Gelegenheit, sich die Sache aus verschiedenen Perspektiven anzusehen – Handwerker, Hausbesitzer, Hausverwalter usw. – und unterschiedliche Strategien zur Bewältigung des Problems auszuprobieren. Andere Themen, die bei solchen Veranstaltungen auftraten, waren häusliche Gewalt und tagespolitische Fragen.

Aspekte von Geschlechtsrollen

Bei der Arbeit mit einer vorwiegend aus Frauen bestehenden Gruppe wurde ein Szenario entwickelt, bei dem zunächst ein weiblicher Körper auf dem Boden »eingerichtet« wurde (Umrisse mit Klebeband, Kreide o.ä. markiert). Die Teilnehmerinnen übernahmen dann die Rollen verschiedenen Körperteile, traten miteinander in Dialog, z.B. als Sexualorgane, Herz und Kopf, und erforschten so einige Aspekte der weiblichen Rolle.

Dabei wurde auf die Technik des Rollentauschs zurückgegriffen und auf die »Stimmen aus dem Off«, letztere brachten soziale Kräfte mit ins Spiel (wie z.B. Eltern, Kirche usw.), die Einfluß auf die Geschlechtsrollenentwicklung gehabt hatten.

Erforschung nationaler, kultureller und religiöser Unterschiede

Im Rahmen eines Kongresses in Jerusalem offerierte ich einen Workshop zum Thema: »Wir sind verschieden – ja und?« Aus der Erwärmung schälte sich das Thema »kulturelle und religiöse Unterschiede zwischen Katholiken und Juden« heraus. Soziodramatisch wurde dieses Thema anhand des Szenarios einer Ehe zwischen einem wohlhabenden jüdischen Mädchen und einem armen katholischen Jungen erkundet: ihre Heirat, die Geburt ihres Kindes, ihre Flucht aus Israel nach Argentinien und ihre Überlegungen, nach Israel zurückzukehren.

Beispiele aus der Praxis

Während des Spiels wurden verschiedene Rollen (aus-)gestaltet, u.a. die von Eltern, Priester, Rabbi, Großeltern und Freunden der Familie. Thematisch wurden Aspekte der kulturellen und religiösen Unterschiede erkundet, des Umgangs mit Familienkonflikten, der Bedeutung von »Familie«, Verlust und Trennung, Scheidung und Umbruch.

ANHANG

LITERATUR

Boal, Augusto (1992): *Games for Actors and Non-Actors.* London: Routledge [dt. *1986: Die Praxis des Theaters der Unterdrückten. Übungen und Spiele für Schauspieler und Nicht-Schauspieler. Frankfurt: Suhrkamp*]
- (1995): *The Rainbow of Desire.* London: Routledge [dt. *1999: Der Regenbogen der Wünsche. Methoden aus Theater und Therapie. Seelze (Velber): Kallmeyer*]

Clayton, Max (1993): *Living Pictures of the Self: Applications of Role Theory in Professional Practice and Daily Living.* Australia: ICA Press

Kellerman, Peter F. (1996): *Sociodrama; A Group-as-a Whole Method for Social Exploration.* University of Jerusalem, unpublished paper

McMillan, I. and Wiener, Ron (1988): *Preparing the Caretakers for Placement.* In: Adoption and Fostering 12, 1, 20-22

Moreno, Jacob L. (1993): *Who shall survive?* McLean, VA: American Society of Group Psychotherapy and Psychodrama. [dt *1996, 4. Auflage: Die Grundlagen der Soziometrie. Wege zur Neuordnung der Gesellschaft. Opladen: Leske + Budrich*]

Wiener, Ron and Traynor, J. (1987-88): *The Use of Sociodrama in Staff Training in Working with older People.* In: Practice 1, 4, 332-338

WEITERFÜHRENDE LITERATUR:

Fitzduff, M. (1988): *Community Conflict Skills*. N. Ireland: Community Conflict Skills Project

Fox, Jonathan (ed) (1987): *The essential Moreno*. New York: Springer Publishing Company.
[dt: *Moreno, Jacob L. (1989): Psychodrama und Soziometrie. Köln: Edition humanistische Psychologie*]

Holmes, Paul; Karp, Marcia (eds) (1991): *Psychodrama: Inspiration and Technique*. London: Routledge

Holmes, Paul; Karp, Marcia; Watson, P. (eds) (1994): *Psychodrama since Moreno*. London: Routledge

Sternberg, Patricia; Garcia, Antonina (1989): *Sociodrama: Who's in Your Shoes?* New York: Praeger

WEITERE DEUTSCHSPRACHIGE EMPFEHLUNGEN

Bosselmann, Rainer; Lüffe-Leonhardt, Eva; Gellert, Manfred (1993): Variationen des Psychodramas. Ein Praxisbuch - nicht nur für Psychodramatiker. Meezen: Christa Limmer

Brenner, Inge; Clausing, Hanno; Kura, Monika; Schulz, Bernd; Weber, Hermann (1996): Das pädagogische Rollenspiel in der betriebichen Praxis: Konflikte bearbeiten. Hamburg: Windmühle

Buer, Ferdinand (Hg) (1989): Morenos therapeutische Philosophie. Die Grundideen von Psychodrama und Soziometrie. Opladen: Leske + Budrich

Buer, Ferdinand (1999): Lehrbuch der Supervision. Der pragmatisch-psychodramatische Weg zur Qualitätsverbesserung professionellen Handelns. Grundbegriffe - Einstiege - Begriffslexikon. Münster: Votum

Buer, Ferdinand (Hg) (2001): Praxis der psychodramatischen Supervision. Opladen: Leske + Budrich

Moreno, Jacob L. (1995): Auszüge aus der Autobiographie. Köln: inScenario

Ritscher, Wolf (1998): Systemisch-psychodramatische Supervision in der psycho-sozialen Arbeit. Theoretische Grundlagen und ihre Anwendung. Eschborn: Dietmar Klotz

Schaller, Roger (2001): Das große Rollenspiel-Buch. Grundtechniken, Anwendungsformen, Praxisbeispiele. Weinheim: Beltz

Springer, Roland (1995): Grundlagen einer Psychodramapädagogik. Köln: inScenario

Zeintlinger-Hochreiter, Karoline (1996): Kompendium der Psychodrama-Therapie. Analyse, Präzisierung und Reformulierung der Aussagen zur psychodramatischen Therapie nach J.L. Moreno. Köln: inScenario

sowie:

PSYCHODRAMA.
Zeitschrift für Theorie und Praxis von Psychodrama, Soziometrie und Rollenspiel. München: inScenario

Ausführliche Informationen und eine spezielle online-Buchhandlung zu Soziodrama, Psychodrama und anderen szenischen Arbeitsformen findet sich auf der Homepage des inScenario-Verlages unter **www.inScenario.de**